近江商人の理念

増補版

近江商人家訓撰集

小倉榮一郎 著

SUNRISE

増補版発行にあたって

本書の初版本は、平成三年（一九九一）滋賀県が近江商人の理念顕彰と普及を目指して開催した「世界あきんどフォーラム」参加者への記念品として発行された『近江商人の理念　近江商人家訓撰集』をベースに小倉榮一郎著『近江商人の経営』（一九八八）の「第一篇　近江商人概論」のうち一章　近江商人の発祥とその系統、第二章　零細領域説と近江泥棒　を加えて二〇〇三年に再編集した。

今では世間に良く知られる近江商人共通の経営理念「三方よし」も当時はまだ広く浸透することはなかったが、平成四年（一九九二）に「世界あきんどフォーラム」を企画・運営した滋賀県あきんどフォーラム実行委員会が新たに滋賀県ＡＫＩＮＤＯ委員会として全国各地との交流や研究者による資料収集などを積極的に行ったことで、次第社会に広まっていった。設立から一〇年を経て滋賀県ＡＫＩＮＤＯ委員会は平成十四年（二〇〇二）発展的に解散し、その志は特定非営利活動法人三方よし研究所に引き継がれていった。

平成九年（一九九八）には「三方よし」の原典と言える中村治兵衛宗岸の書置きが見つかり、さらに近江商人研究者ネットワークによって全国を商圏とした近江商人の商家に関する調査研究が進んだ。こうした経緯を踏まえ、滋賀県の事業を引き継いだ特定非営利活動法人三方よし研究所の協力を得て、これら研究の成果を盛り込んだ増補版を発行することとなった。

本書のベースはあくまで小倉榮一郎氏の著作によるが、家訓を作った商家や商人を紹介しつつ、社会貢献の事例などを追補することで原書への理解を深めてもらえる内容とした。経済活動は常に動いているので、原書執筆時と明らかに事情が異なっている場合には訂正を加えていることをご容赦いただきたい。

特定非営利活動法人　三方よし研究所

二〇二〇年八月

近江商人の理念　増補版　総目次

近江商人の発祥とその系譜

『近江商人の経営』より

一、近江商人の発祥とその系譜

遠路近江の国（今の滋賀県）から来た商人を、他国の人が特に「近江商人」と呼んだのであるから、地元近江の国中で商売をしている城下町の商人、宿場の商人、地廻り行商人などは〝近江の商人〟であっても「近江商人」ではない。

また、滋賀県出身の経済界の人を、あの人は〝近江商人だから〟などというが、それは「近江商人」というものを正しく理解してのことではなく、むしろいくらか揶揄《やゆ》気味にいうことが多いのは迷惑なことである。

近江商人は近江の国全土から出たのではなくて、ごく限られた狭い地域からだけ発祥したという事実をまず強調したい。

近江は京都に近いからという**「帝都接近説」**や、琵琶湖による湖上水運もあり、主要街道もすべて近江を通っているからという**「交通要衝説」**などはこの意味で失格である。その条件をすべて兼ね備えた大津、今津、彦根、長浜などの主要都市からは、近江商人が出なかったことをみてもわかる。

宮座の商人から出たという説がある。物資の流通を担当するという意味でなら、鎌倉時代にすでに隊商のかたちで座商人が活躍した。

当時近江にも有力な宮座や楽市楽座があって、中世の商人が栄えたのは有名である。それを江戸時代に出現した近江商人と結びつけて、近江には商人の伝統なり習性があるとか、近江は「商人どころ」と人はいう。**「帰化人説」**や**「武士起源説」**もその類で、まことしやかであるが、実証するとなると、まったく繋がらない。

形態でいえば、何百人もが隊を組んで武装した室町時代までの商人と、単独で旅商する江戸時代の近江商人とは別のもの。

商法でいえば、騒乱の地を狙って散発的に出没し、暴利をたくらんだ冒険商人と、平和な人間の営みの中で、経常的に需要と供給を整え、社会的に認められる正当な利益を受ける近江商人とは別のものであった。

氏、系図からみても、出身地からみても繋がらない。両者の間には戦国時代があって、近江の国は特に戦乱の渦中にあることが多く、どう辿っても繋がるものではない。

「漁民湖上放浪説」というのは、土地にしがみついて生きているはずの農民が、琵琶湖岸では漁業を兼ね、移動に慣れていたので、全国に旅する性格が養われたという説であるが、近江の漁民でなくとも日本民族は大移動を繰返している。

琵琶湖はそれほど大きくはない。瀬戸内海海岸の漁民とは比較にならないではないか、その上、近江商人発祥の地はどれも湖から遠いのである。

「農民貧困説」というのは通俗的で真実らしく思えるが、これほど史実に反した説はない。近江では平均耕作面積が五反未満であり、水害や天災にさいなまれ、代官の苛斂誅求《かれんちゅうきゅう》(厳しい取立て)にあって、生活苦から農家の二、三男が丁稚奉公に出されたが、貧困の中で培った我慢強さがさいわいして、成功したものであるという。

ところが、近江は昔から屈指の米作国であり、一戸当りの耕作面積は狭かったが、農間余業すなわち農家の内職が多かった。これは貧しいからではなく、肥沃な土地で農作業が容易であり農民に時間的余裕が出来る。農業より工業の方が労働の生産性が高いから、余った時間は工的な農間余業に向けられた。農六余業四という兼業農家が平均的で、所得水準は高かった。

その所得の余剰が蓄積され、資本化されて商業に投じられたし、農間余業の生産物が商品化されたのである。

史実によると、近江商人は豪農、地場産業の問屋、造り酒屋、醬油屋などから輩出した。実際に貧農から身を興した例は、薩摩治兵衛ぐらいのもので、多くはない。

また代官の暴政というが、近江で起こった百姓一揆は数少なく、いずれの場合も代官が処罰されている。その上、当時の幕藩体制下では「他所奉公」すなわち他藩領へ丁稚奉公に出ることは許されていないし、百姓の離村は武士の脱藩に比すべきもので、追われ、捕えられ、杖刑《じょうけい》（杖で罪人をたたく刑のこと）に処した後、もとの田地に戻されたのである。自由に丁稚奉公に出られるようになったのは彦根藩では寛政（一七八九年）頃から、他藩では明治維新直前のことである。

それから、ハングリー精神とか、耐乏生活の強さというが、貧困から出たものは小成に甘んじ易く、富裕な生い立ちながらも理想を高く、大成を求めて努力するという事例の方が存外多いようである。立身出世物語でなく、有名な大商人の家譜を読むと、良家の出身であることの方が多い。これはあながち成功後のつくりごとではないようである。

だから近江商人の発祥事情は、大雑把で観念的な推論でかたがつくような問題ではない。発祥の場所と時代を厳密に検討し、限られた場所から、限られた時代に発足することを説明し、他の場所からは出なかったことをも説明できなければならない。

発祥地ごとの商人の類型

「高島商人」 あるいは大溝商人というのは、戦国末期に西江洲大溝《おおみぞ》（現在の高島郡）から京都に出て商人化し、南部藩領で活躍した商人である。もと高島を領したのは、北陸勢の先鋒浅井家で、大溝を城下とした。浅井家の滅亡のとき、その士であった村井氏、小野氏は逃れて京都に入り商人化した。大坂夏の陣に南部侯の兵站《へいたん》を預かったことから、役の終焉を待たずに南部藩盛岡城下町創建に加わって、以来南部一帯を席巻した。小野組と呼ぶ同郷商人団が、京都と結んで大繁栄し、明治初年、三井組と組んで国立第一銀行を創設、交替で頭取をつとめた豪商になったのである。

ところが大溝はその後、対岸の野洲とともに織田氏所領となり、徳川氏の天下となると、譜代大名中もっとも徳川家に忠実といわれた分部《わけべ》家が封ぜられ、幕藩体制を堅持したまま明治維新を迎えたので、この間はほとんど商人が出ていないのである。したがって高島商人を近江商人とするなら、近江商人中のもっとも早い発祥であるが、江戸時代には京都から出たこと、養子縁組で出ることになるので、この点は異型である。

「八幡商人」は現在の近江八幡市の一部、旧八幡町から江戸時代初期に発生した。織田信長の安土城が炎上壊滅後、豊臣秀吉はその城下町を八幡町に移し、八幡城には秀次を配した。秀次が冤罪《えんざい》をえて自害すると廃城となった。**「廃城奮起説」**といって、廃城後城下町商人がこれではいけないというので、奮起して全国へ行商に出たという説があるが、八幡商人にあてはまるようにみえる。ところが、八幡廃城と八幡商人発祥の間には時間の隔り

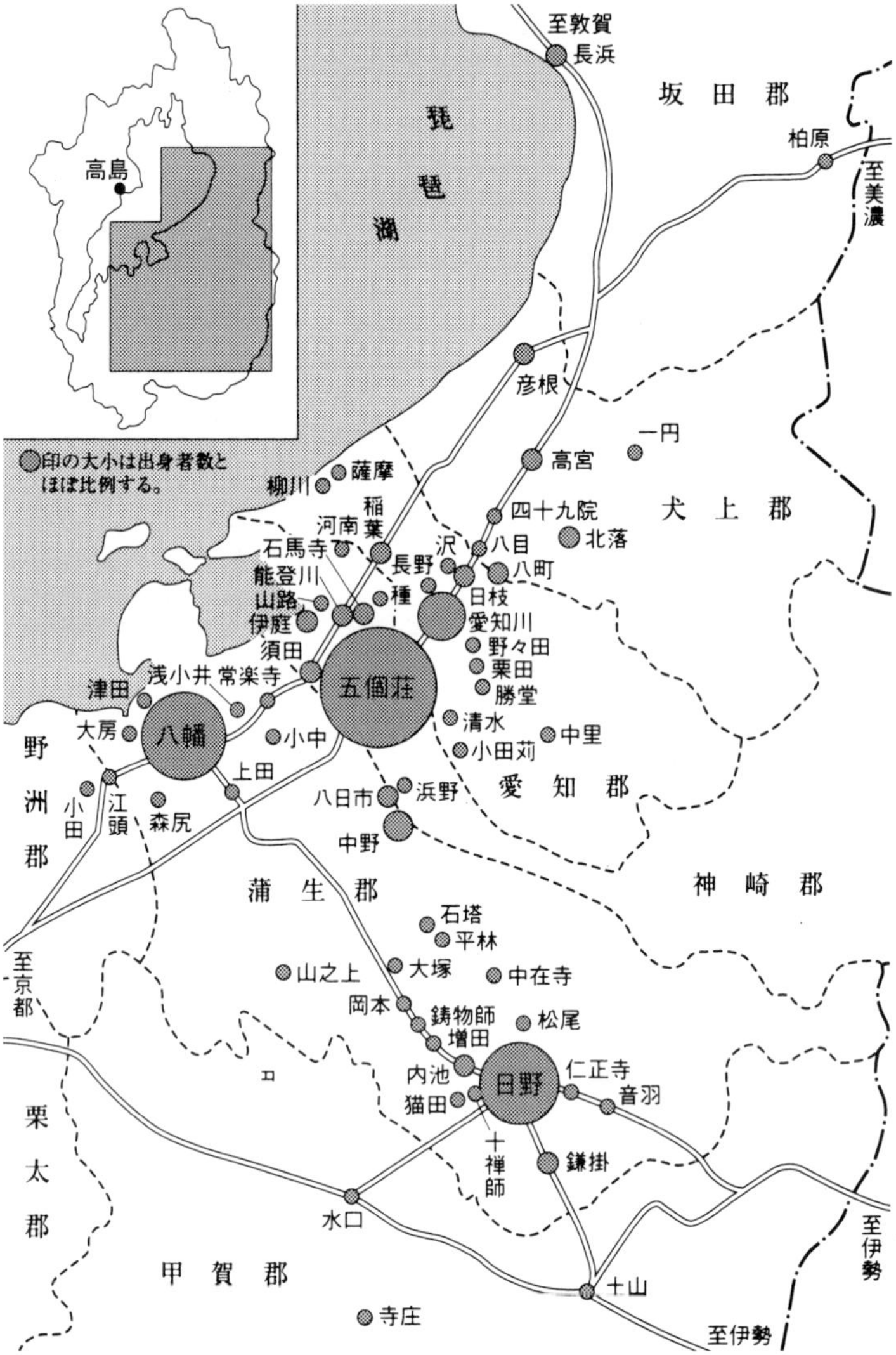

近江商人出身地

江頭恒治著『近江商人　中井家の研究』をもとに作図したものであるが、その後の研究で出身者数は異なることが判明している。

は少ないが、事態にはギャップがある。

鳥居本・佐和山城・安土城・八幡城を結んで野洲で中山道に合する「浜街道」は、後世朝鮮人街道と呼ばれるが、中山道と平行して走っていても、それより直線的な捷路《しょうろ》で、戦国時代には主として軍用道路となった。徳川家康の大坂攻めは、両役ともこの街道が使われ、八幡は兵站基地となった。その功を主張して朱印を頂き、江戸時代には天領（幕府直轄地）となった。そして江戸城下町形成のとき、日本橋通り堀留界隈に優良な土地をもらって大店を開いたのである。

「八幡の大店《おおだな》」というのは、店と取引の規模の大きさを誇ったもので、やがて八幡周辺の農家を動員して畳表や蚊帳の生産を問屋制家内工業でやらせ、地場産業として育成した。その商品は大津、京都、大坂を経て、船で江戸に送りつけ、江戸で商ったが、その問屋であり売捌店であったのが八幡商人で、その中に旧八幡城下町の商人もあったかも知れないが、有名な八幡商人は周辺から八幡に移り住んだものが主流である。旧八幡城下町の商人がどれで、どうなったものかは、北海道へ渡った有名な二、三のほか分かっていないのである。

八幡商人も天秤棒を象徴としている。しかし八幡商人の真髄は天秤棒を担いで八幡―江戸間を往来するというような小規模な商人ではない。江戸はおろか北海道にまで進出し、その取引規模は、大船で運ぶ商品量であった。木版画などになって残っている八幡商人の

江戸日本橋の西川甚五郎家（公益財団法人 西川文化財団蔵）

蚊帳売りの図（65頁参照）では、羽織に白足袋（黒足袋は百姓）姿の手代が素手で先に立ち、丁稚が蚊帳を天秤棒で担いでその後を追う姿があるが、これは江戸市中の小売行商ではなく、小売店への卸売りのようである。

八幡町内には畳表や蚊帳の問屋が広大な本家を構えたが、これは販売店舗ではない。八幡蚊帳は長浜に押され、畳表も不振になった。そこで呉服太物に転向して挽回をはかった。また、享保（一七一六～一七三六）の頃にも新しい商人が加わったりしたが、やはり大家といえば江戸初期から続いた老舗の方で、幕末になって新規参入するのは下火になった。

「日野商人」は蒲生氏郷の城下日野町から発祥するが、その時期は八幡商人より百年も遅れた享保の頃で、一斉に発足する。その後にも追従するものがあることは八幡商人の場合と同じである。

蒲生氏郷は戦国の大名中有数の経済政策家で、多くの産業を興した。武具関連の刀鍛冶、鉄砲鍛冶、具足職、漆塗師、鋳造には日野煙管や矢立が有名で、木製塗椀は日野椀と呼ばれた。和漢生薬も日野売薬として名高い。

秀吉は氏郷の実力を恐れ、増封を名目に伊勢松坂に転封せしめた。日野城下町は廃止され、商人も職人も松坂に移った。日野を出るものが後を絶たないので、秀吉は脱出を禁じたが、それでも鈴鹿の山越えで脱出して行き、日野は火が消えたように寂れた。

ついでながら、氏郷はさらに会津若松に転ぜられた。外様大名伊達政宗は秀吉にとっては油断ならない存在で、それを抑えるというのが名目であったが、重なる転封で氏郷の勢力は半減し、若松で歿した。

若松へも日野衆は追従し、漆器の技術はこのとき伝えられたという。

日野も廃城奮起説に合うようで、実は違う。日野を出た商人がどうなったかは分かっていない。日野廃城以来百年ほども日野は近江の僻村と化していた。そして元禄頃から日野椀と売薬の生産が新しい芽を吹いた。問屋制家内工業の形態で生産せられたもので、原料調達、製品企画、製品販売という一連の企業家機能を問屋が果したのである。日野は御代参街道が通っているが、東海道からも中山道からも外れた人口稀薄な僻地であるから、製品は売子を使って他国へ販売するほかなかった。これが日野商人発生の動機である。

日野は家康大坂の陣に鉄砲を供給して御朱印を賜ったと自称し、結局は天領となった地で、西大寺藩、水口藩という小藩と、仙台藩の飛地に囲まれ、最終的には水口藩に編入された。

南五個荘は天領であったり、将軍家身内の柳沢領、あるいは大和郡山藩の飛地であったりし、古くから麻布が量産されていた。北五個荘は彦根藩領であり、八日市中野は仙台藩の飛地で、中野煙草は重要な行商商品であった。

日野商人の中には東海道を東進したものもあるが、駿河に出店《でみせ》を構えた豪商は今も盛大である。江戸に出るのはもっと後世のことで、多くは中山道経由で北関東に出た。中山道が最短距離であるからに外ならない。さらに北上して東北地方に入り、仙台に開店するのが目標であった。

創業のときは行商で、日野売薬や湖東の麻布を扱い（持ち下り荷）、苧麻《ちょま》の原線《げんせん》で青苧というものや紅花などを、出先で仕入れて持ち帰った（登せ荷）。

日野商人は行商を繰返して、商圏を確保すると、そこに借家でもよい、小さくてもよいからとにかく出店《でみせ》を開いた。これを基地にしてさらに行商によって商圏を固め、そこに次の出店を開いた。登山の極地法の要領である。

出店までは馬や船で大量の荷を搬入し、ここから行商を出した。「店《たな》持《も》ち行商」と呼び、これになるのが日野商人出世の第一歩で、次々と出店の連鎖を伸ばして、経済的後進地域に推進していったのである。

八幡商人は日野商人の出店を「日野の千両店《だな》」と蔑《さげす》んだ。千両というのは大した額ではない。この多数の出店群がやがて大きな威力を発揮する。日野商人は幕府に許されて「日野大当番仲間」を組み、強い郷党意識に支えられて、相互の商業活動の連携をこころみた。情報が飛び交い、委託契約で大量の商品が出店群の間を縦横に流れ歩いたのである。

日野商人が享保頃に一斉に発祥し、関東東北に向かうのは歴史的意味のあることである。経済的に後進地域であったこれらの地域でも大名の奨励による地場産業が勃興した。

一例は北関東や東北の養蚕で、従来は輸入生糸がもてはやされていたが、これに対抗して和糸が生産量と品質ともに急速に向上してきた。これらの国産品は基本的には藩が販売したが、その配給力は不十分であったので、その隙を近江商人が埋めたのである。大まかに言えば東国の第一次産業の産出した原料品を上方にもたらし、上方で第二次産業に提供し、その工業製品を東国に供給するという媒介の役割を果したのである。取引は東西往復にとどまらず、各地間縦横に織成《おりな》して「諸国産物廻し」と呼ばれた。

しかも商人の役割は生産者の育成にまで及ぶもので、これは藩がおこなった公的藩際交易に対して「私的藩際交易」と呼ぶことができる。今日の商社活動の原型といってよい。そして、各地の生産と消費が刺激されて経済活動が旺盛となり、文化・文政期に庶民生活の飛躍的展開が演じられるのである。

また、日野商人の有力なものの多くが北関東各地で酒造株を手に入れて酒造業に転じ、またいくらかは醤油醸造、味噌製造に新天地を求めた。その多くのものが現在も盛大である。

「湖東商人」 は彦根藩領から出た商人である。「愛知郡誌」「犬上郡誌」に分けて書かれているので、愛知商人、犬上商人、高宮商人などと細分するのが従来の通説であるが、本質的には分ける意味がない。そこで一括して湖東商人(五個荘商人も含む)と呼ぶことにする。湖東商人は日野商人から百年足らず遅れる。

彦根藩はほぼ愛知川の線を南端として、北へ近江の半分、湖北を包括する大藩である。北五個荘が含まれ、能登川は旗本の三枝《さえぐさ》領であった。井伊家は譜代大名随一、徳川の先鋒を承り、京都守護職と西国大名の鎮圧を任務とし、大老職をつとめた。三百年間一度も転封されなかったから経済的にも大藩であった。

幕藩体制下では藩の経済は米使いの経済で、農本主義政策がとられ、米が藩経済の基本であったので百姓は生産の担い手、国の宝といわれたが、同時に農業人口の維持が至上命題で、前述のように離農は厳禁された。

藩は独立経済単位として自給自足が原則で、物資の流通は藩内限りとし、城下町に商人を置いて、農村には商人を置かず、城下町への買出と地廻り行商で需要を満たし、百姓の辻売りや行商は禁じられていた。百姓は農間余業に心惹かれるが、そのために米作がおろそかになってはいけないので、水の便の悪い農地の百姓に、春から秋までは機織りを禁止したように、農業基本に動く厳重な統制経済がおこなわれていた。

藩の余剰物資は他藩に売られ、不足物資は他藩から購入したが、これは藩の手でおこなわれた。藩の手といっても実際上は武士でなく、御用商人に委されていたが、すべてが藩の指令で進められたのである。このような他藩との交易を「公的藩際交易」と呼ぶことができよう。

この流通機構は流通量は大きかったのに、入念でなく、太くてあらいものであったから、需給ともに満たされない点が多く、不便なものであったと思う。制度としては原則的なこの交易が、世の中の進歩につれて間に合わなくなり、私的交易に押しまくられて、ついに維持できなくなるわけである。

彦根藩は内外の事情に通じうる有利な立場にあったので、日本だけでなく、世界が大きく回転しつつあることをいち早く察知していた。その経済政策は他藩をぬきんでて進歩的であったが、十九世紀初頭に統制経済の解除に踏み切った。まず他所奉公を許可した。年々の夫役《ぶやく》に支障をきたさない余分の人口なら、他国へ奉公に出してもよいというのである。

全国的に国産奨励策が拡まり地場の産業が勃興するが、彦根藩はこの点でも先駆的で、浜縮緬を専売にするなど異例の強力な育成策が採用された。浜縮緬専売が藩の歳入にどれだけ寄与するかという視点で論ずるのがこれまでの史家の常であった。藩当局の意図はもっと遠大で、これによって彦根藩札（米札）に正金の裏付けができて、藩札が安定し、強力な通用力をもち、領域経済の興隆に寄与することを狙ったのを見逃してはならない。

これまでの統制を緩和して、領内で売るための内職とその製品の藩内行商は一切自由として、工業生産を刺激し、他藩へ売るための生産とその製品の他藩向け持出し行商は、藩に願い出てお許しを乞うこと、すなわち許可制としたのである。

こうなると藩内から一斉に商人が輩出した。小田刈《こだかり》の小林吟右衛門、五個荘の松居久左衛門・塚本定右衛門・大橋理一郎・藤井善助・豊郷の伊藤忠兵衛・長兵衛その他多数の商人が、中山道沿いの出身地に本店を構え、西国―東国とそれぞれ得意の地を求めて全国に向けて「持下り商い」の形式で商売をはじめた。取扱商品の主流は地場産の麻布であるが、それに限らない。各地からもたらされる呉服太物、小間物など時代の風潮を象徴していて面白い。領内では百姓の身分のままである。なかには藩の御用をつとめて士分にとりたてられ、居を彦根城下に移して持下り行商をしたものもある。愛知川出身の弘世助市《ひろせすけいち》(のちに日本生命を創設)などこのパターンである。

ここで、注意しなければならないことがある。城下町商人が持下り商人に転じた例をみない。藩の体制下の商人と自由商人は別ものだったのである。

いま一つ興味あることは、藩士の末息で気骨、学力、才能のあるものを商人が婿養子に迎えた例がこの時代に頻発した。幕藩体制がそこまで弛緩したわけであるが、近江商人には一般に能力主義で後継者を決める傾向がある。

彦根藩は経済統制の緩和を一足早く実現させたが、すべてを撤廃したのではない。浜縮緬や湖東焼に関してはむしろ締めつけ強化している。湖東商人はこのようにして藩の経済統制緩和によって発生したものである。幕府の威光に服して幕藩体制を堅持しようとする空気の方が、一般的であったのも事実である。

明治維新でもって幕藩体制は一挙に崩れた。そうなると全国に一斉に商人が出た。同時に近江商人にも居住の自由がもたらされた。近江に本家を構え、妻子はここに生活し、主人は他国にある店へ出ている。日野や八幡では主たる出先は関東であったから、近江に残っている妻を「関東後家」といったのも今は昔、本籍を出先地に移す移さないは別として、家族も出先地に移住し、近江には広大な屋敷に留守居役を残し、「留守宅」とすることになった。豪商の留守宅は現在も八幡・日野・五個荘などに何百とある。

全国から一斉に商人が出たというものの、無差別全般にということではない。近江一国にしても、出寄留してお店奉公するのは自由になったが、その出身地はほぼ限られていた。郷党意識をバックに、奉公人の身許保証を雇主の縁故者に求める風潮があったからである。

商業は自由な社会で発達する。経済の統制緩和につれて商人が出たとする**「雪解け説」**である。

二、零細領域説と近江泥棒

「近江泥棒」という言葉は江戸時代中期にはすでにできていた。言葉になってしまうと本意は別にして、言葉の表面的な意味がひとり歩きする。近江商人には豪商が多いから、なおのこと、一種の嫉妬の気持が嵩じて非難か侮蔑の意味になってしまう。近江商人を実際に知らない人ほど文字通りに受取ってしまっている。そのため滋賀県出身だとか、近江商人の血を引くものだと言われるのを嫌って、ひた隠す人さえある。近江商人を理解して肩を持つ人は「近江殿御、伊勢小正直」が転化したものだと弁護するが、これは語呂合わせにすぎない。

近江泥棒の本当の意味を知ると、むしろ近代商人であったことの証拠であるのが分かる。すべて歴史上のことは、その時代に溶け込んで考えるべきである。

「雪解け説」は学会では「零細領域説」と呼ばれ、江戸時代の近代商人は天領、飛地などの一町一村に等しいような分断された小さい領域から出た。大名の本領からは出ていないということが実証される。この事実を掘り下げてゆくと近江泥棒の本当の意味が分かる。

藩は自給自足経済が原則で、自藩内の生産で藩内の需要を満たす商業活動は藩の統制下で営まれた。そして藩の余剰生産物を他藩へ売り、自藩に不足する物資を他藩から購入する「藩際交易」は藩の手でおこなったことは前に述べたとおりである。米使いの経済といって、米が基本となり、貨幣に馴染まないし、競争原理が作用し難い意思経済であった。それに対して、天領、飛地、旗本領、宮領などは小さい領域で、一村にすぎないものもあった。近江の国では秀吉の時代に、湖南が数十のこのような零細領域に分断されたが、家康もこれを踏襲したので、他国には例をみない細分ぶりであった。八幡、日野、南五個荘、能登川など商人が出た場所はいずれもこれであった。大津も天領であったが、これは京都に直属していたので事情が違う。

これらの零細領域は代官が治めたが、代官は世襲制で、その地に生れ育った人であることが多い。飛地は遠くに領主の本領があるが、本領での施策はそのまま飛地に直接に及ぶわけではなかった。天領や飛地は小さい領域であるから自給自足ができるはずはない。常に領域外交易を前提とし、比較的自由であることから地場産業が早くから発達していた。八幡の畳表・蚊帳、日野の塗椀・売薬、能登川・五個荘の麻布などは好例である。

いずれも主たる原料は他国産で、これを調達し、製品企画や技術改良をし、農家へ内職に出す。内職は分業しておこなわれるから仕掛品や半製品を内職間で転送する。製品を仕

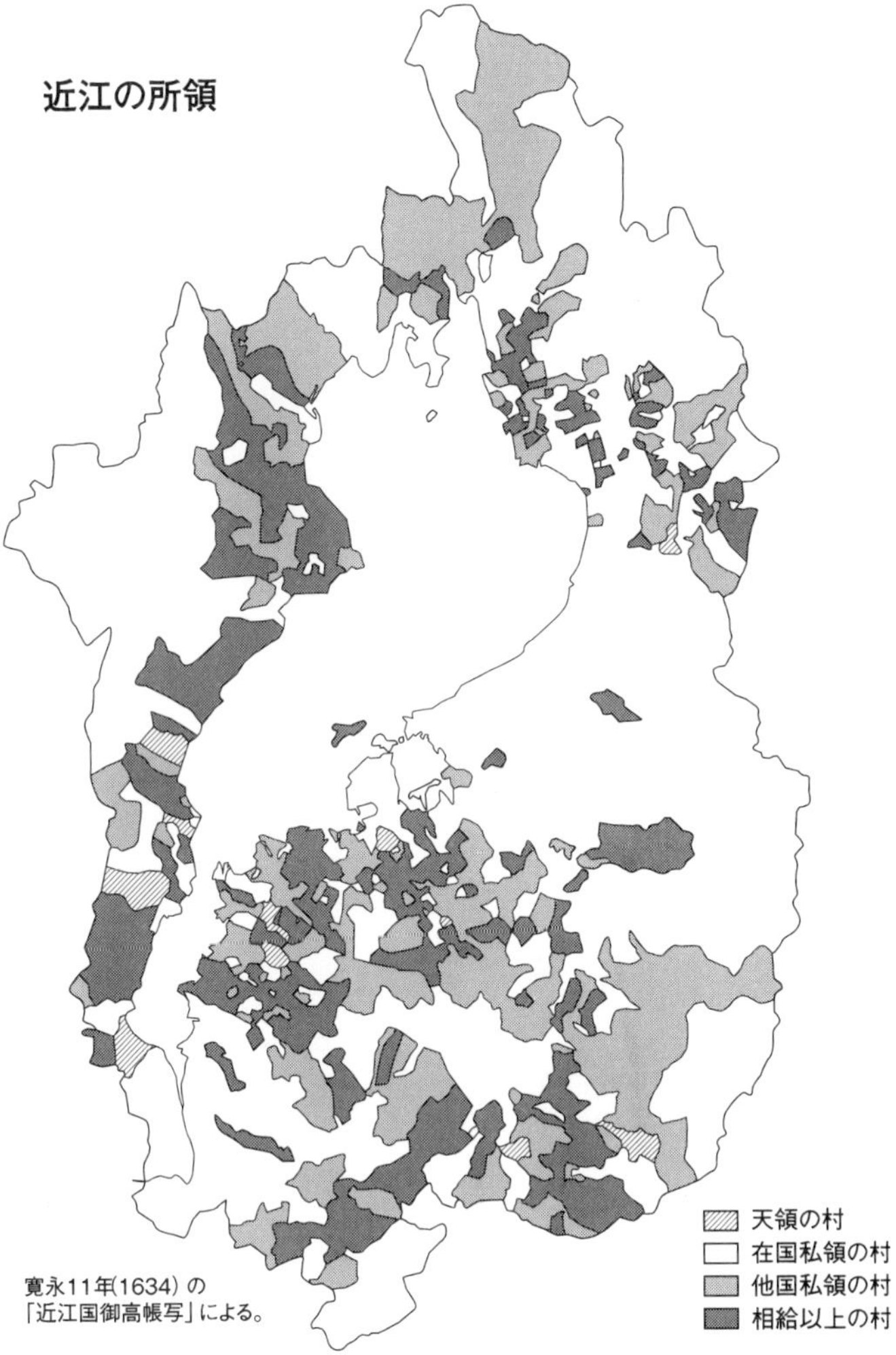

(『図説　滋賀県の歴史』より)

近江国諸藩の成立

近江の領地が細分化された理由のひとつが、家康が豊臣氏の旧例に倣って、近江の所領を遠国の諸大名の在京賄料として軍用したことによるとされているが、近江84万石は、彦根・膳所・水口など9藩の在国大名領は、44万石で約半数を占めるが、その他には天領、他国大名領、宮門跡領、公卿領、旗本領などに細分化されていた。さらに一村を数名の領主が分割する相給が多く、近江には24藩の他国大名の所領が存在していた。この事が近江から諸国に商いに出かける大きな要因であったと考えられる。

上げ、これを販売するという問屋の仕事が最も重要である。問屋制家内工業では問屋が企業者である。

さて飛地の住民は、「往来手形」すなわちパスポートを大藩の本領住民よりははるか自由で容易に入手できたし、領主の本領へ行くことはいたって易く、他国へも容易に旅ができる。何か事が起これば領主に訴えてその介入を期待できる。天領なら幕府に直訴もできる。領外で商売することは当然のことになっている。そして取扱うべき商品は地場の産物がある。あとは資本がうまく動員できるかという問題が残る。これは後述するように庶民の余剰蓄積があった。

貨幣経済と商業活動は上方、特に大坂が先導し、江戸では抵抗があった。「宵越しの金は持たぬ」と職人は嘯《うそぶ》いていたが、町人の実力が次第に強くなり、武士の権力が相対的に弱くなった。元禄時代にはもう逆転が判然としてきた。家康時代の政治に戻したいものと考えて将軍吉宗はきつい武断政治をおこなうが、上方ではその評判は悪かった。

江戸時代初期百年の間に米作技術が向上して作高は二倍となり、それに相応して全般的に生産性が高まり、米で所得が定められた武士の実質所得は半減し、生活が苦しくなった。吉宗の享保の改革が失敗に帰して、ついに武士の頽勢は覆い隠しえないところとなった。さすがに江戸の職人もこの頃には金に執着しかける。「江戸ッ子の生れぞこない、金を貯め」。

宝永年間（一七〇四〜一七一〇）の富士山の噴火による全国的不作が元禄の華美な世相に水を差すことになり、その後各地に散発的に飢饉が襲った。天明三年（一七八三）から五年間、全国的に飢饉に見舞われ、仙台は特にひどくて人肉を食った記録がある。すなわち、十年ごとに飢饉がめぐり来ると言われたほどで、決して景気の良い半世紀ではなかった。にもかかわらず、この期間に多数の日野商人が輩出し、いずれも基礎の硬い大家をなした。不況に強い近江商人といわれるのも故ないことではない。

不景気のときに、経済的後進地域であった北関東から東北を目指したのは何故か。各藩は財政難を経験し、経済力増進に努力しはじめ、米作はもちろんであるが、いわゆる国産、それぞれの土地の特色を活かした特産物を生産することを奨励した。北関東・東北の火山灰に覆われた山麓では桑畑をつくり養蚕をやらせて生糸を繰《く》らせるといった具合である。

そこで百姓には所得の増加がはかれる。日野商人にとっては、それは上方の一歩進んだ工業製品に対する新しい需要であるとともに、上方にもたらすべき原料品の供給であって、これを目指して商圏を進めていったのである。

近江商人を泥棒と明記した例は一、二にとどまらないが、仙台藩の例を引いてみよう。

仙台藩は強い農本主義政策をとっていた。代表的なのが佐藤学派で、藩政をリードしていた。農本主義はその後も藩政の基礎であり続けるが、貨幣経済の浸透と飢饉に対抗する政策は産業を奨励して百姓に貨幣蓄積をもたせることで、ある程度の成功をおさめた。

その仙台藩で学者が藩主に奉った上申書にいわく、近江から来る人は上方の進んだ商品を持ち込んで、気易く掛売りするから、百姓どもは喜んでこれを買う。自分で造ろうなら造れるものを、造らないで安易に買ってしまうから、少しも生産は興らない。そして年末になると近江の人は巡回して、せっかく稼ぎ貯めた貨幣をすっかり捲き上げて持って帰ってしまう。近江の人を仙台藩へ入れないようにしてほしいというのである。

他の領内へ強引に押し入って、秘蔵の貨幣をさっさと担ぎ出してゆくのだから、これは「泥棒」である。近江商人のこの行動は何ら法的な罪に問われるものではない。筋の通った適法な行為であるが、藩の為政者からいえば、せっかくの体制を破壊する望ましくない存在、「泥棒」と映ったのであろう。しかし実際には、仙台藩は近江人を閉め出すことはしなかった。つまり庶民が喜び、そして国産品を買ってくれるのが近江商人であったからだ。

近江泥棒とは幕藩体制を堅持しようとする古い為政者が、これを打破する新しい近代商人に対する呪詛《じゅそ》であった。革新者というものはいつの世でもあらぬ誹り《そし》をうけ、迫害さえこうむるものである。

余談ながら、対《つい》になっている「伊勢乞食」は伊勢商人三井家のごときを指しているのでなく、伊勢参宮の沿道の商人を言ったものと思う。庶民の生活が潤ってくると、旅行が庶民の楽しみの最たるものとなった。元禄時代にはその兆があらわれて「東海道中膝栗毛」などがベストセラーとなった。庶民は伊勢講という貯蓄組合に参加して、蓄えたなけなしの大金を持って伊勢神宮に参詣するのであるが、その沿道に軒を並べた店で散財してしまう。道端に坐して、道行く人からお金をもらうのは乞食であるというギャグで、前の句「近江泥棒」が主意、「伊勢乞食」は余韻である。

もっとひどい誹謗に「近江商人の売った蚊帳には天井がなかった」というのがある。万で数える多数の商人の中にはそんな詐欺師もなかったとはいえないが、近江商人はだいたい誠実であったと書いたものを見たが、それも十分に理解した人の弁護とはいえない。

蚊帳は北陸地方から大麻の原線を購入することからはじまって、スライバーにする工程、捻《より》をかける工程、整経工程、緯糸を巻く工程、織布工程と一工程ずつ別々の農家の内職でおこなわれ、萌黄色に染めるのが大切なノウハウで、鬱金《うこん》に染めた上を藍《あい》で染めるとあの八幡蚊帳特有の見た目に涼しく、中から外を見て透《す》けて見える生地になる。この染色は内職でなく、専業の染屋があるが、数が限られていて、問屋がしっかり管理していた。生地は裁断され、縫製されるのが別の内職、そして赤い乳《ち》をつけ、紐と環をつけるのも別の内職、完成したものを正しく畳んで包装するのは問屋がやった。

八幡にはこれら内職をする百姓が何千戸とあって、問屋がこれらを結んでいたのである。後世には原反で売買することもあったというが、仮に詐欺師が原反を仕入れても、その仲間が天井ぬきで蚊帳を縫製するのは極めてむずかしく、産地で露見せずにはすまない。その上、八幡商人は大量の荷にまとめて消費地の小売商に卸売したのであるから、常得意の小売商の検収を抜けては通れない。消費者にしても天井のあるなしは畳んだままでわかる。仮に悪徳商人が出ても、郷党意識の強い近江商人の間ではすぐに犯人が割り出される。誹謗のためのつくり話も度が過ぎると真実味が薄れ、逆効果になってしまう。

近江泥棒は初期近代商人の勲章である。しかし、今日の日本にとって心すべき教訓がある。国際貿易が公正に、いかに非関税障壁が除かれても、日本企業が現地生産を進めても、最終的に外国に骨を埋める覚悟をしない限りは、「日本泥棒」と呼ばれることになる。外国で稼いだ富を外国で使って、日本人が生活するというコスモポリタンを育てる必要がある。

（『近江商人の経営』（一九八八）サンブライト出版より）

近江商人の理念

近江商人家訓撰集

目次

まえがき

家憲、店則の形態には、標語のように簡約されたもの、数十字の短文ながら味合の深いもの、十箇條余の箇条体制のもの、微に入り細にわたる訓戒文で書籍風に仕上げたものなどがあり、店則にいたっては事ある毎に主人が店に送った書簡の形も多い。その全文を書き写して公表しても煩瑣《はんさ》で、内容の多くは重複するので、注目に値する代表的な箇所を抜萃するとともに、その家と時代に応じた適切な解説を付け、全体として近江商人の経営理念を理解できるように組立てた。

附記してある年代はその家の創生の時点でなく、その家憲・店則が成立した年代で、世紀を18Cというように、さらに初期、中期、末期を略号でつけてある。その時代の特色が反映されているなど興味をもって頂けると期待している。

（平成三年八月　著者）

一、商人の社会的役割と利益

社会的貢献と近江泥棒

三方よし
他国へ行商するも総て我事のみと思はず、其の国一切の人を大切にして、私利を貪ること勿れ……
（五個荘　中村治兵衛家「家訓」18C中）

江戸時代、幕藩体制の中で、体制からはみ出していた近江商人が、その存在価値をどのようにして認めてもらい、存続を許されたか。
売手によし、**買手によし**は常識で、顧客は王様などともいうが、**世間によし**という三つめが近江商人の特色で、自分の商場《あきないば》に貢献したが故に存続しえたのである。

ところが近江泥棒という商人の面目丸つぶれの悪態もたたかれた。社会的貢献と悪徳商人のまるで違う評価が、実際にいわれたのである。なるほどと首肯できる議論は、近江商人発生に関する「零細領域説」によらねばならない。

幕藩体制は江戸時代に確立された今日とはまったく異なる社会体制である。藩というのは自給自足を原則とする単位経済領域で、藩が経済計画を立てる。藩内には大商人も多々あるが、藩の計画によって厳重に統制された商人で、市場経済原則に従って動く自由な商人でなく、その行動範囲は藩内に限られ、藩と他藩との間の交易は藩自身が担当する公的藩際交易であった。百姓や職人は具体的に物を創出して生産的であるが、商人は何も造らないと解され、商人は体制の一駒という立場でしかなかった。

近江商人は天領・飛地など領主が直接に支配せず、代官が治め、領主が本領でおこなう統制は及ばず、自給自足は元来不可能な零細領域から出た。そこでは地場産業を振興させ、商人が自分で判断する私的藩際交易が根幹で、出身地近隣で営業するものはなく、遠く他国へ旅して、他国で商売した。諸国産物廻し商法が近江商人の特色であった。

幕藩体制を維持しようとする藩の為政者の目には近江商人の行為は自給自足経済体制を乱し、藩内の蓄財を流出せしめる泥棒のように侵入する存在と映り、その入国を禁止されたいとまで領主に上申していた。封建権力をもってすれば容易なことであるのに、どの藩も近江商人締め出しを実施しなかった。

江戸時代中期を過ぎると、各藩は経済力強化のために各藩特有の国産品生産を推奨し、東国では特に著しい成果を上げた。麻原織、生糸、絹布、紅花などがそれで、これを上方へ運び、需要を見出し、東国での生産振興を推進させたのは地場の商人でなく、出店網を展開していた近江商人の功績であったわけで、その故に、入国禁止どころか、歓迎されたのである。幕藩体制下の商人でない近江商人にとっては、出先の商場で経済的貢献をすることが存在を許される理由であり、これが「世間によし」の意味である。

明治以降、近江商人は近江の在を離れて、商場の地に本籍を移し、滋賀県人でなくなったが、それと同時に近江泥棒も実感がなくなった。現在日本の企業が輸出先の国へ事業場を進出させることは相手国に雇用機会を創出するので「三方よし」の理念にかなう。ただ日本の若者が日本へ帰りたがるのは「日本泥棒」といわれるおそれが大いにある。

中村治兵衛宗岸　（一六八五～一七五七）

神崎郡石馬寺村の麻布商中村治兵衛家の二代目で近江商人の共通の商いの規範といえる「三方よし」の理念を最初に説いたといわれる。宗岸が家督を譲った三代目は三十四歳の若さで亡くなる。そこで宗岸は、孫娘の養子となった四代目宗次郎が幼く経験の浅いことを気遣い、日常生活から商いのことまで細かく指導するために遺言状を書いた。これが、三方よしの理念を伝えるといわれる。

中村治兵衛家は、農業の合間に麻布の製織販売をしていたが、宗岸の時代になって行商をはじめ、品質向上に努めている。宗岸の教えを忠実に守った四代目は麻布のほか木綿や京織物などを北陸東山道各地に行商し、一層事業を拡大した。

宗岸の遺言状は平成九年（一九九七）、末裔のご自宅で見つかり末永國紀氏（同志社大学名誉教授）によってその全容が紹介されている。

三方よしの原典　宗岸の書置

家訓を制定したといわれる中村治兵衛（宗岸）は、中村家の六代目、中村治兵衛家としては二代目の当主。この宗岸は、異母兄の養嗣子となり、妻を神崎郡南町屋村片山半兵衛家から迎え、嫡男の三代目治兵衛（法名、宗壽）を得たが、宗壽は延享四年（一七四七）九月二十六日に三十四歳で没したので、その遺児である娘（法名、妙壽）に南町屋村片山半兵衛家から養子宗次郎を迎えて四代目治兵衛を嗣がせた。妻と息子に先立たれた宗岸が、初めて宗次郎へ書置を認めたのは、宝暦四年（一七五四）十一月のこと。この年、宗次郎はまだ十五歳の若者だった。

原文は以下に掲げるように、主文十一カ条と追書十三カ条の全文二十四カ条からなっている。（本書では一部を抜粋して掲載）

中村治兵衛宗岸「宗次郎幼主書置」

一　たとへ他国へ商内ニ参候而茂、此商内物此国之人一切之人々皆々心よく着被申候様ニと、自分之事ニ不思、皆人よく様ニとおもひ高利望ミ不申、とかく天道之めぐみ次第と、只其ゆくさきの人を大切ニおもふべく候、夫ニ而者心安堵ニ而身も息災、仏神之事常々信心ニ被致候而、其国々へ入ル時ニ、右之通ニ心さしをおこし可被申候事、第一ニ候

読み下し文

一　たとへ他国へ商内に参り候ても、この商内物、この国の人一切の人々、心よく着申され候ようにと、自分の事に思わず、皆人よき様にと思い、高利望み申さずとかく天道のめぐみ次第と、ただその行く先の人を大切におもふべく候、それにては心安堵にて、身も息災、仏神の事、常々信心に致され候て、その国々へ入る時に、右の通りに心ざしをおこし申さるべく候事、第一に候

この部分を解読

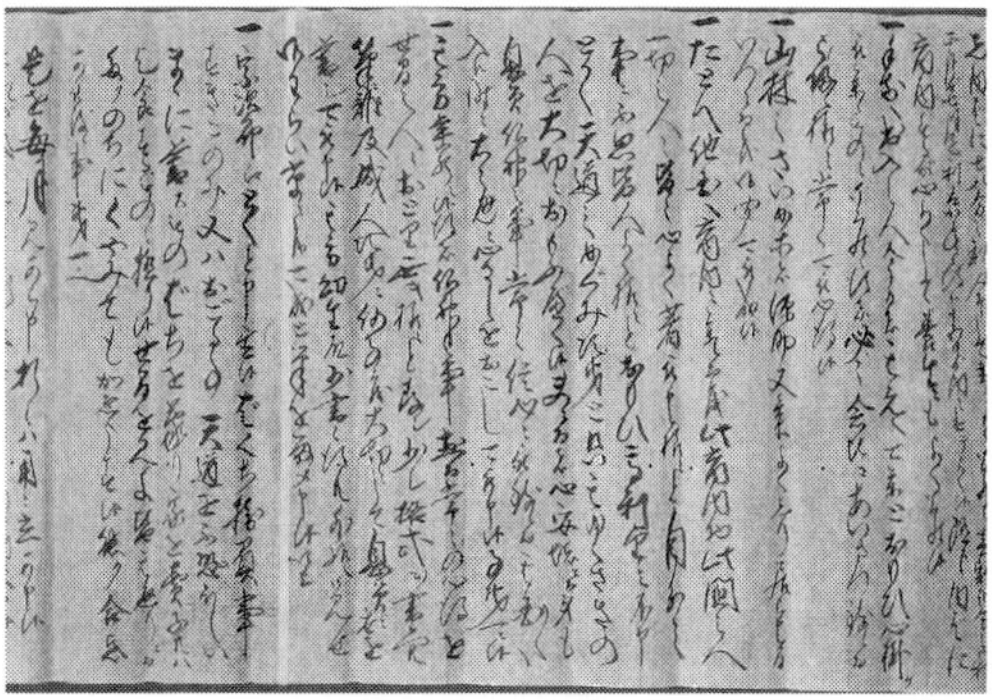

中村治兵衛宗岸書置（部分）

【要約】

たとえ他国へ行商に出かけても、自分の持ち下った衣類等をその国のすべての顧客が気持ちよく着用できる様にこころがけ、自分のことよりも先づお客のためを思って計らい、一挙に高利を望まず、何事も天道の恵み次第であると謙虚に身を処し、ひたすら持ち下り先の地方の人々のことを大切に思って商売をしなければならない。そうすれば、天道にかない、身心とも健康に暮らすことが出来る。自分のこころに悪心の生じないように神仏への信心を忘れないこと。持ち下り行商に出かけるときは、以上のような心がけが一番大事なことである。（情報紙「三方よし」第9号より　末永國紀記）

商人の本務と利益追求

商家は財を通じ有無を達するの職分、其余沢を得て相続を立てる
（日野　中井源左衛門家初代「遺戒」、二代「中氏制要」18Ｃ末）

商人の使命は万物の有無を通じ、万人の用を弁ずるにあり、徒《いたず》らに私欲に走るは本来を誤り、神の御心に違い、身を破るに至る
（八幡　西谷小兵衛・内池三十郎「世俗弁利抄」※　19Ｃ中）

常に人にかたりて曰く、業は勤《つとむる》に於て精《くわ》しく、嬉《たの》

しむに於いて荒《すさ》む、吾終身此の言を服膺す……

（日野　高井作右衛門「碑文」より18Ｃ中）

人生は勤《つと》むるに在り、勤むれば則ち匱《とぼし》からず、勤は利の本なり、よく勤めておのずから得るは真の利也

（日野　中井源左衛門家二代「中氏制要」18Ｃ末）

商売は菩薩の業、商売道の尊さは、売り買い何れをも益し、世の不足をうずめ、御仏の心にかなうもの

利真於勤

（豊郷　伊藤忠兵衛家初代「座右銘」19Ｃ初）

利益第一、利益を目的に人は行動するとする経済理論とは大いに異なり、世の中の需給を調整するのが商人の任務で、その任務を遂行したときに、余沢として利益がえられるという商人の社会的責任を重視する理念である。

この理念が具体的に表明されるのは意外に早く、江戸中期初頭には近江商人共通の理念となり、間もなく家訓などに明記されるところとなった。その昔の冒険商人が巨利を貪り、独占を画し、世間から阻害されたのとは打って変った近代的商人道がすでに意識されていたことに注目したい。

高井作右衛門は日野の人、先達的豪商で藤岡に進出して成功、六十一歳で没したが、特に書き遺したわけでなく、死の前に後継者（養子）などに懇切に諭した。死後一二七年を経た十九世紀末の明治十八年に七代目が師の草場船山に委嘱して作文させた碑文の引用で、唐の韓愈《かんゆ》の「進学解」の文章をそのまま引用して「業精于勤」となっている。中井家の二代が高井作右衛門初代からの影響をうけていたことは確実で、「中氏制要」では同じ出典ではあるが、「よく勤めておのずから得るは真の利」と表わしており、伊藤忠兵衛初代の「利真於勤」は高井作右衛門の碑文が刻まれたのと同じ時代、「中氏制要」と同意であると解し、同じ延長線上にあるものといえる。

「勤」の意味であるが、単に努力するというだけでなく、よく勤めておのずから得るが真の利と、利益の正当性の裏付けとなりうる「勤」である。それは、投機商売、不当競争、買占め、売惜しみなどによる荒稼ぎ、山師商法や政治権力との結託による暴利でなく、まともに商品の流通、本来の商活動にはげむという意味の「勤」である。

「世俗弁利抄」※

宝暦十四年（一七六四）、東北地方に出店を持つ八幡商人十人が年三回互いに銀二十匁を持ち寄り商売上のことなどを打ち合わせしながら懇親を深めた「恵比寿講」を結成し、問屋などに関しても共同行動をとっていた。ここに属していた西谷小兵衛が文章を作り、内池三十郎が木版にして連名で慶應二年（一八六六）に発行したのが「世俗弁利抄」で、広く配布し町人道徳を普及した。上記は本書の中心テーマで「職分と余沢」の観念を強調している。

（『近江商人の金言名句』一九九〇小倉より）

内池三十郎家

内池家は蒲生氏郷の家臣に始まるといい、本家の内池宗十郎家で安土から八幡城下に入り「米屋」として天童に出店を開き、宗十郎家三代の次男が分家して与十郎家として福島の瀬上に進出し「近江屋」を名乗り醸造業から呉服・太物を扱うようになる。分家した与十郎家の次男がさらに分家して内池三十郎を名乗り、明暦元年（一六五五）、福島に出店し、反物・救命丸・目薬などを販売していたが、文久元年（一八六一）七代目三十郎が醤油・味噌の醸造を始めた。福島の三十郎家に連なる内池醸造ではこの年を創業年としている。

三十郎家は、明治になって醤油・味噌醸造の傍ら灯油・石炭販売、度量衡、機械の製造販売も手掛けており、その後、業種ごとにそれぞれが独立しているので、福島には内池一族の企業が多い。また、文芸に秀でた人物や学者も多く、福島商工会議所の設立発起人や第壱百七国立銀行の頭取をだすなど地域経済界の中心的存在として活躍している。前述の「世俗弁利抄」は一八六六年に発行されたので、おそらく三十郎家八代目によってつくられたものと考えられる。

高井作右衛門（一六九九～一七五九）

元禄十二年（一六九九）日野の松尾に生まれた多左衛門の長男作右衛門は、享保元年（一七一六）十八歳で麻布を仕入れ、関東の武蔵・上野に行商に出かけたことが近江商人としての出発。

天文元年（一七三六）三十八歳の時、銘酒・巌の醸造をはじめ、栃木県藤岡に出店を開き、屋号を「十一屋」とする。日野商人の例に違わず、質物取扱、醤油醸造、荒物類販売などさまざまな商いを行っている。初代は、『我　業は勤に精しく嬉に荒む』を座右の銘とし、子孫代々が飢饉には多額の見舞金や復興資材の提供に努めたが、そのために「町内積立講金設定の事」という積立制度を整え災害に備えていた。

「十一屋」の由来は、人は物を売るのが主意であるから「売」の字の上部をとってつけたものといわれる。

寛政四年（一七九二）の「酒造御改之写」によると当時藤岡の酒屋の中で最大の醸造高を誇り、千石以上の酒造高は明治になるまで続く。出店も各地に置き、質屋貸付業も行い、名所案内を兼ねた「藤岡双六」には屋号の十一屋が描かれている。また文化四年（一八〇七）には奉公人が守るべき十四条を「身分定書」として作成している。

伊藤忠兵衛（一八四二〜一九〇三）

天保十三年（一八四二）、犬上郡八目村（犬上郡豊郷村）の五代目伊藤長兵衛の次男として生まれ、嘉永六年（一八五三）には十歳年上の兄について初めて行商に出かける。伊藤家は呉服太物の地商いとして相当な規模の商家であった。元服を終えて忠兵衛と名乗ると叔父の成宮武兵衛につれられて持ち下り商いに出かけた。この年を伊藤忠、丸紅の創業年としている。翌年も、同様に西国から長崎にまで足を延ばし、ここで外国貿易の活況に刺激を受け、のちに貿易へ夢の実現に向かう。その翌年には桜田門外の変、そして時代は明治へと大きく変わる中、忠兵衛は順調に業績を上げてきたが、兄との確執や時代の変遷の中、持ち下り商いを断念して大阪本町に呉服太物商「紅忠」を開店する。「利益三分主義」を実行するなど近代的な経営手法を次々に打ち出し、伊藤忠・丸紅の基礎を作った。

長崎での衝撃から国外との貿易の実現を何度か試みながらも、結局存命中に叶えることはできず、のちに本店輸出部の設置によってようやく忠兵衛念願の貿易事業がはじまった。

忠兵衛は「利真於勤（利は勤むるに真なり）」を座右の銘としたが、これは、商人が流通経済の担当者として、「世の中の有無相通じる任務を果たして得る利益こそは真の利益である」という至極当たり前のテーマであり、「売手よし、買手よし、世間よし」の「三方よし」に通じる。

幕末、政情混乱の時代、幕藩体制に頼っていた老舗が次々潰れ、新興商人も政変とともに消え去り、政商が幅を利かす。そんな中、動き出した忠兵衛の持ち下り商いが行き詰まる。そこで出直し、「天下の有無相通じるが職分」と商人としての共通の考え方が浮かんだという。忠兵衛の遺志は、終生丸紅をけん引した古川鉄治郎や、初代の薫陶を受け、早くから海外事情を見聞した二代目忠兵衛へと受け継がれていった。

二〇二〇年新年、伊藤忠商事は一九九二年に策定した「豊かさを担う責任」というグループの企業理念を「三方よし」に改訂した。

伊藤忠兵衛（株式会社イトウビル蔵）

不道徳な商行為の禁止

買置の事、相場の事、やしの儀は、子孫門葉に至迄堅禁制たるべき也……相場・買置の賈術《こじゅつ》は所謂貪賈の所為、人の不自由をメくくり、他の難儀を喜ぶものなれば、利を得ても真の利にあらず、何ぞ久しからんや

（日野　中井源左衛門家二代「中氏制要」18C末）

一、惣而《そうじて》不実ケ間敷《ましき》事相慎可申《もうすべき》事

一、店仕入方諸代呂物《しろもの》何によらず遂吟味慥成《ぎんみをとげたしかな》る宜《よろ》敷《しき》代呂物を仕入売捌可申事

附、不正麁末《そまつ》之品取扱申間敷事、并に高利を

望む事無用

一、伊達《だて》ケ間敷商内《ましきあきない》一切無用之事

附、商売随分内場《うちば》に可致《いたすべき》事

（日野　山中兵右衛門四代家憲「慎」全十箇條のうち
第三・四・七條　19Ｃ初）

仕入物之外諸色《しょしき》相場にかかはり候品、聊《いささか》たりとも
売買仕候儀堅法度《はっと》
不実成商杯《あるあきないなど》、堅致《いたし》申間敷事
米金銀相場商内堅無用

（日野　中井源左衛門家四代「光基掟目」「定録」「掟目」19Ｃ初）

商売品に不当の利分を掛けざる様、時の相場により て、一統申し合わせ……
店中一統熟議の上、正当明白なる物品を仕入れ、曖昧なる物品は、縦令《たとえ》如何程徳用にても仕入相成らざる事

（八幡　市田清兵衛三代「家則」18C初）

当座の高下を争い、諸人の気配になずみ候事は愚人の斗《はから》いにて、商人の器に無之、商内は誠に危き事に候……当家伝来の駈引は、売買共、自然成行に随い……家風を守り、手堅く取計い致候共、値合は自然の成行、損もあれば、又益もあるべし、高下の冥利の外に終始平均のものと知るべき事……天災変事有之、計らず損失有之候共、深く驚き申間敷。後日の心得次第にて又幸の儀あるべく、

人間万事塞翁が馬、自然後日変あるべき事をかねて思案可致候事（五個荘　外村與左衛門「心得書」19C初）

諸相場一切禁制之事
仮令《たとえ》舟間之節に到るとも余分に口銭申請間敷事《もうしうけまじきこと》（八幡　西川甚五郎家「定の事」18C末）

才覚と算用は商人が成功するための要件であるといわれてきた。才覚というのは条件の変化に即応して適当な対策を講じることのできる頭脳の回転の早さ、算用とはいかなる場合にも損失にならない計算、巧妙な計画能力のことである。

理論的研究者や文士の書いたものには才覚と算用という語が出てくるが、実務にたずさわる商人の書いた文書には、はたして出てくるのだろうか。近江商人の書いた家憲や店則には出てこないのである。それどころか、商品流通の操作による値差に依存したり、投機取引に手を出すこと、不実取引は「貪賈の所為」（つまらぬ商人の行為）「愚人の斗い《はから》」「商人の器でない」という。「舟間之節」すなわち商品輸送のための舟が到着せず、現地品薄のときといえども余分な利益を要求してはいけないといい、事実、江戸城総攻撃の当日に江戸で、通常どおりに店を開いて、値は変えなかった薩摩治兵衛のことなど、実例も少なくない。

戒めとして書き示すだけでなく、この禁を破った場合は、主人や嗣子は押込隠居、別家は出入差止め、閉鎖と、その罰則まで決めてある。

外村與左衛門家のように「当家伝来の駈引は……自然成行」と説いていたり金を儲けるに何か妙案があるかと画策すれば山師商売になりかねないと説き、ただ平凡に努力して始末するのがよいと書いていることも多い。

策を弄することは人々に不自由を強制し、その難儀を喜ぶ行為であるから、その行為から得られる利益は真の利益ではない。長続きしないと道義から説くものもある。

外村家には実に多数の家法書が遺されているが、その一つ「心得書」はことこまかに説き明かしてある。そこからの引用であるが商品の値が下ろうという前に売ってしまって、うまく売逃げたと喜ぶのは心得違いである。買手は高値で買わされて損をしたのであるから、懲《こ》りてしまう。売った後で値が上れば、えられるはずの利益の可能性を捨てて、損をしたようであるが、その方が顧客は喜び、取引の将来が楽しみになる。「損して得とれ」というわけで、一取引ごとに利益を実現して極大利益を追求する考え方でなくて、長い目で見て、長期的経済合理性の原理に立つのが近江商人の理念である。

近江商人は卸商であるから、得意先もまた商人である。その利益を守ることが営業の重要な秘訣である。その事情が近江商人の理念形成の基礎にあるのである。

また、出身地近江の片田舎での狭い市場で、ひしめき合っていた地域商人でない。小売行商人ではない。そこで、才覚と算用で目前の価格競争をするのが本筋でなく、上方と関東・東北といった遠隔地間の取引であるし、仕入から販売まで月余を要する取引である。今日とは違って隔地間価格差というものがあり、また価格もある期間安定していた方がよい。そのような基礎的条件があってこそ、愚鈍なほど正直で固い営業方針が有効であった。

江州人の共通の選択基準「ためによい」はまさにこの原理である。

山中兵右衛門二代　（一六八五〜一七七四）

日野商人の中では早い時期から行商をはじめているが、初代兵右衛門の長兄は早逝、次兄は商いに失敗したので、家を継ぐことになり、二十歳で姉の夫が製造した日野椀を持って沼津へ行商に出かけた。そこで日野商人の定宿の主人の進言で御殿場に出かけ、持参した椀をすべて売り切ると周辺の物産を仕入れ近江へ戻るという行商を始めて十四年後の享保三年（一七一八）に伊勢屋徳兵衛から土地を借りて日野屋兵右衛門として店舗を開いた。二代目は営業の拡大と店舗の拡充に力を注ぎ、享和二年（一八〇二）七十八歳の時に「慎」十カ条を記した。日野商人の多くが醸造業を行っているが、山中家では三代目の時代に醸造業を始めている。

商いの繁栄は一方で藩への貸付の増大にもなり、文化十年（一八一四）の三三五両から始まり天保十四年（一八四四）には五三〇八両となり総資産の二十パーセントが小田原藩への貸し付けという状況でもあった。火災や、承継問題等多くの難題を抱えて明治を迎え、業種変更や出店の閉店、新規開店とまさに時代の変革を的確に受け止めつつ戦後は御殿場の酒造所から再建をはかり今に至っている。昭和五十六年に郷里の本宅を日野町に寄贈し、近江日野商人館として公開されている。

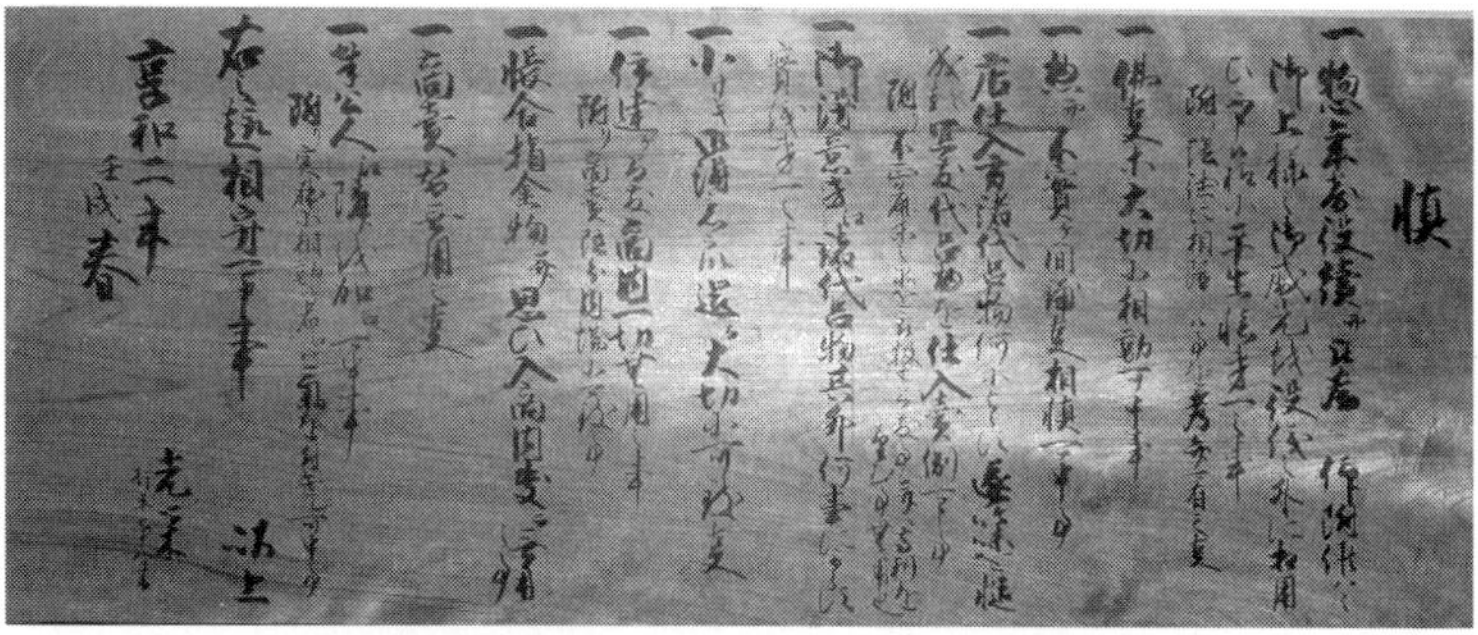

山中兵右衛門家の家訓「慎」（近江日野商人館蔵）

慎

一物年寄役続而被為　仰附候ハヽ、御上様之御威光を
役儀之外に相用ひ不申候様尓平生慎第一之事
　附リ、陰徳に相障リ候事を考弁可有之事
一仏事等大切尓相勤可申事
一惣而不実ケ間鋪事相慎可申事
一店仕入方諸代呂物何尓よらす遂吟味を、慥成る宜
敷代呂物を仕入売捌可申事
　附リ、不正麁末之品を取扱申間敷事、并ニ高利
　　を望む事無用也
一御得意方江諸代呂物其外何事によらす実儀第一之事
一小サキ御得意衆、還而大切尓可致事
一伊達ケ間敷商内一切無用之事
　附リ、商売随分内場尓可致事
一帳合・指金物并思ひ入商内決而無用之事
一商売替無用之事
一奉公人江隣（憐）を加江可申事
　附リ、実躰尓相勤候者江ハ気を付遣シ可申事

外村与左衛門十代（一六二五～一八八八）

外村家は東近江市五個荘町金堂の篤農家であったが、農業だけでは一家の繁栄はないと考えた五代目照敬が、元禄十三年（一七〇〇）、十九歳で麻布の持ち下り商いを試みたのが「外与」の創業年としている。六代目はさらに大型行商を行い次第にその財力を伸ばしていったが、九代目が京都の本格的な店舗を構えるまで約一二〇年以上、店舗を持たない卸売り行商を続けた。

「家之掟」は弘化三年（一八五六）に文人気質を持ち、文筆に携わることも達者な十代目によって記され、その後安政三年（一八五六）には「作法記」・「心得書」を記し、絶えず改正補足が行われた。これらは、商いの原点や理念を振り返るよすがとなっている。

外与の経営は堅実さと合理性を併せ持ち、「他利自利」「自然成行」の精神で幾多の困難な時代を乗り越えてきた。十代目が相続した弘化頃は多くの商人が生まれた五個荘町金堂でも最上層で、当時作成された湖東中部のいわゆる資産家番付では「惣後見」として番外扱いされている。全国長者番付においては東の前頭にランクされ、近江商人の中でも卓越した大商人であった。外村一族からは「外宇」「外市」「外宗」など多くの商家が生まれている。

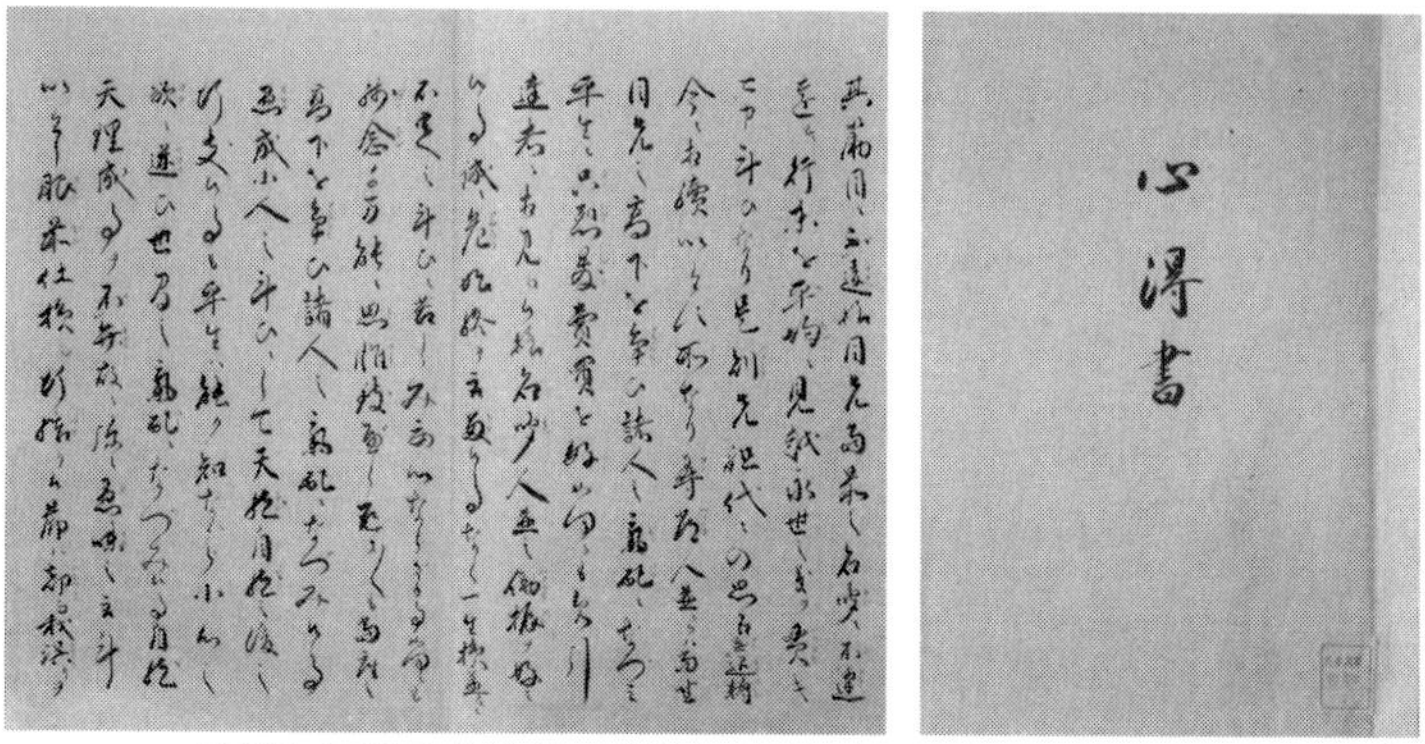

外村家心得書（外与株式会社蔵 東近江市近江商人博物館提供）

【売て悔やむこと商人の極意】

外与の「掟目」「心得書」「規則書」は商いにかかわる心得及び店に勤める者として守るべききまりごとが記されている基本書である。中でも安政三年（一八五六）に作成された心得書は、店中の和合、先例の遵守、取引の原則、日常の心構えなど全四十四ヵ条にも及んでいる。ここには

「目先当前の名聞に迷わず、遠き行く末を平均に見越し、永世の義を貫き申すべく」

「見切り悪敷く見通し疎きものは商人の器にあらず」

「売て悔むこと商人の極意（売ったのちの、少し損をしたと後悔するぐらいの方が、買い手の満足が得られ、長い目で見た時には商いのプラスになるという意味）」など商いの極意ともいうべき名句が説かれている。

市田清兵衛三代　（一六三七～一七一四）

初代は庄兵衛と名乗り、慶長年間に八幡城下新町で小間物商を開いたことに始まる。初代の長男は、二代目清兵衛として持ち下り商いをはじめたが、若い時に亡くなり、三代目がさらに業容を拡大し上州安中（群馬県安中市）を拠点とし、その後高崎に出店した。

市田家の家訓を作ったのは三代目で、十カ条からなり、従業員の秩序、店内の協議、お仕着せ、などその後の多くの店の店則で定められていることが一通り含まれている。前述（56頁）の引用はその中から抜粋したものであるので、改めてその条項の全文を次頁に記載する。

近江商人が生まれてから百年経たない時期のもので近江商人の中でも早い時期に作られていることも特筆される。また、才能あるものは中途採用でも重役にすることも示している。高崎店開店の一七〇七年から一九〇六年の閉店に至るおおよそ二百年の詳細は「市田日誌」として滋賀大学経済学部附属史料館に保管されている。

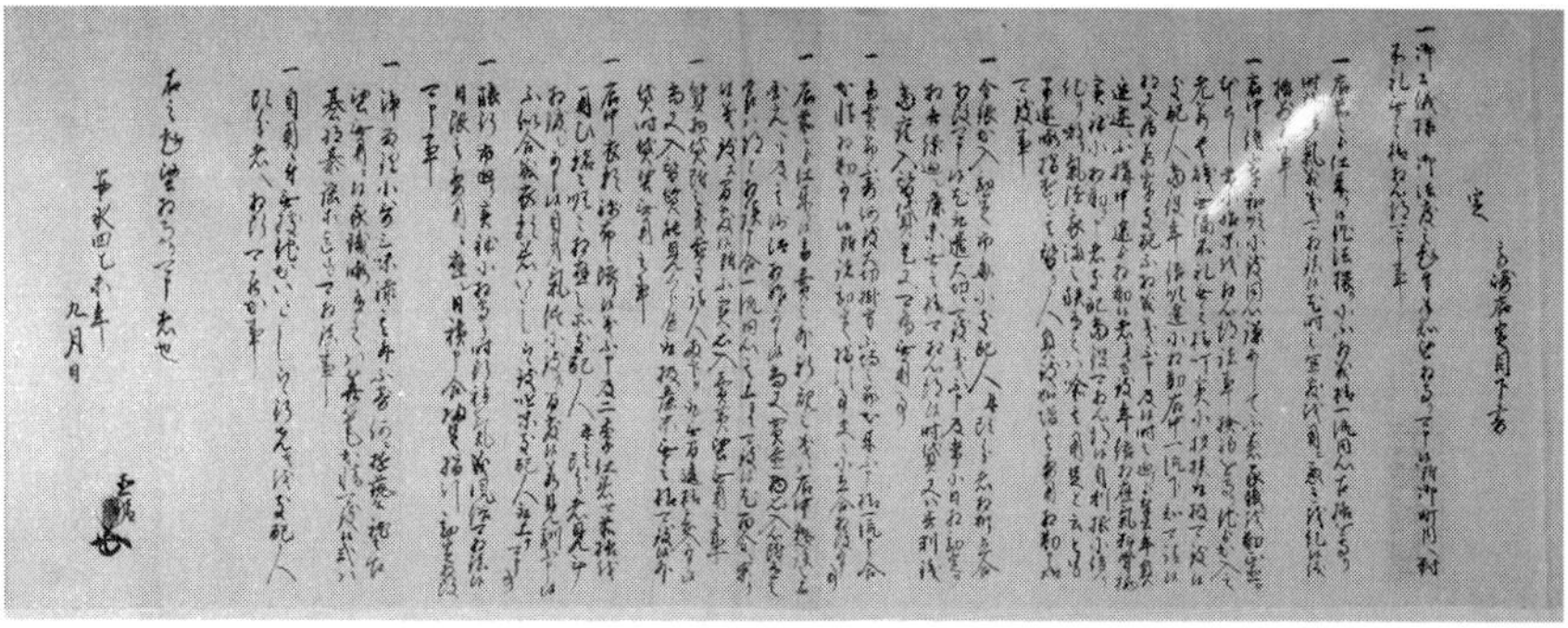

市田清兵衛家高崎店定目下書（真崎俊朗氏蔵　滋賀大学経済学部附属史料館寄託）
安政年間に定められたもので三代清兵衛が規定したものを若干改変している

【市田清兵衛家の家訓（部分）】より

一、商売品に不当の里分を掛けざる様、時の相場によりて、一統申し合せ、時貸などは一切愛ならざる事。

一、吾家伝来の商売の外、別にしんきなる商売を増加せんとする時は、店中一統協議を遂げ申すべく、商品仕入の時にても、店中一統塾議の上、正当明白なる物品を仕入れ、曖昧なる物品は、縦令如何程徳用にても、仕入相成らざる事。

信用できる情報

正　直

（五個荘　中村武右衛門「家訓」18C中）

近江商人の売った蚊帳に天井がなかった

（根拠のない罵詈）

中村治兵衛、治郎兵衛は一族で、湖東の麻布製織という地場産業の元祖である。初代以来、家憲は「正直」の二字だけであった。毀誉褒貶《きよほうへん》といって評判がよければそれほどに悪口もいわれる。しかし、あまりにも素人くさい悪口であると、かえってその反対の意味の方が信用される。天井のない蚊帳はまさにその好例である。

正直、信用は近江商人の共通の徳目で、なくてはならない基礎的条件である。一般には近江商人が天秤棒を勤勉の象徴とすること、自分のあきないを行商ということからの連想として、食品や日用雑貨を近隣へ売って歩く小売行商を思い浮かべるし、画家にしても文士にしてもその感覚で絵に描き文章をつくるのでいかにも実際であるようになってしまうが、近江商人は卸売が主体で、大量荷物を扱ったので、そんな商売ではないのである。

天秤棒で担いで運ぶくらいの商品量を往復一月も二月もかかる遠国へ出かけて、売切ってしまうまで滞在していたら、年に何回転の商売ができるか、そんな商売でどうして大商人になれるのか。

近江商人は「行商」といっているし、書いてもいる。しかし、その真意は「旅人」と自称し、遠国の商場に店を構え、主人も従業員も年間のほとんどをここで生活し、商売しているので、実態は定住商であるが、商場に戸籍を移していないので、身分は旅人である。その商法は「旅商」とでも呼ぶべきか。富山の売薬商が遠国へ出掛け、宿に泊まって、消費者宅を訪問して歩いて、配置売薬し、終れば富山に引揚げる小売行商とはまったく違う形態である。

卸売商であるから商売の相手は商場の小売商である。小売商は商品鑑定や価格決定に関する知識情報を卸商のそれに依存するものである。商品が問屋制家内工業の製品であるから、個別性が強く、卸商の意見が大いに尊重される。その近江商人が正直でないとか、詐欺師であったら、小売商の信用は保てない。小売商が信用を失えば、卸売商への信用はそれ以後長く失われ、損失が大きいのである。

蚊帳は八幡の地場産業で、多数の蚊帳問屋仲間が厳重に統制しているのであるから、欠陥商品を製造しようにも不可能であるし、縫製技術からいって、天井なしの蚊帳をどうやって作り上げるのか、商売の相手の小売商が検収を省略するはずもないし、消費者ならなおのこと綿密に検収するから、外形に見える欠陥が見落される道理はないのである。

雨はれて声いや高し蚊帳売り
（当時の俳句）

一声を花の東の町々に
残してゆくか山ほととぎす
空も青葉のすだれ越し
萌黄の蚊帳や、蚊帳や母衣蚊帳
涼しい風が来るわいな
（小唄）

近江商人蚊帳売りの図（『守貞漫稿』より）
市中で振り売りしているものではなく、法被を着た荷持ちに蚊帳を担がせ、扇子を持つ手代が小売り店への納品のようすを描いている

「萌葱《もえぎ》の蚊帳」と一声呼ぶうちに半丁も歩く長い呼声の売子という文士の文章は金魚売りからの幻想、天秤棒で一荷の蚊帳を担送する丁稚の前を、羽織を着て扇子を使いながら番頭が行く絵は卸商から小売商への納品の絵で、蚊帳は町筋を呼び売りするのを家から飛んで出て買うような品物ではない。

近江商人は商品の買集めにも売捌きにも自分の支店だけでなく、他家の支店と委託取引を盛んにおこなったが。それには豊富な情報と相互の信用が重要であった。また、定宿というのはその情報交換の場であった。

西川甚五郎家

西川甚五郎家の初代、仁右衛門（一五四九〜一六四四）は蒲生郡岡村南津田（近江八幡市南津田）に生まれ、永禄九年（一五六六）、十九歳で商売を始めた。この年を甚五郎家の創業としている。天正十三年（一五八五）豊臣秀次が八幡城を築くと八幡に移住し、天正十五年には八幡城下に店を構え、奈良蚊帳を北陸方面に販売することからはじめ、やがて近江表（畳表）を美濃・尾張へ販売する。

初代の四男が二代目を継いだのが寛永五年（一六二八）、江戸日本橋に大店を構える。当時の八幡町は徳川家康の大坂攻めの際に兵站基地だったことから天領となっていて、江戸城下整備を進める江戸幕府の整備計画の一環として日本橋堀留に八幡商人を誘致した。

西川の主力製品は畳表と蚊帳であったが、大名家の江戸住まい普請がほぼ完成すると新たな商品開発に迫られた二代目（一五八二〜一六七五）が、江戸と近江を往復する際の山中で思いついたのが萌黄の蚊帳であると伝わる。これが江戸市中で大層評判になった。製造や販売に工夫を凝らした西川甚五郎二代はその後の西川の基礎を築いた。

浮世絵に描かれた西川甚五郎考案の萌黄の蚊帳

【萌黄の蚊帳】

八幡商人の主力商品の畳表や蚊帳は原材料を仕入れ、製造は農家の内職に出し、問屋が集荷して販売していた。蚊帳はかつて奈良産のものが主流であったが、慶長・元和の頃から八幡で製造が始まり、最盛期には四十七の蚊帳問屋仲間があった。ところが八幡商人は呉服・太物などを扱うようになり、明治にはほぼ西川だけが残り、十一代甚五郎（一八四八～一九〇二）は八幡蚊帳製織工場を設立し、その伝統を維持した。

「浮世絵」に描かれた萌黄の蚊帳は二代目甚五郎の考案で、それまでの灰色の蚊帳を鮮やかな緑に染色し、赤い乳《ち》を付け、留め具に真鍮を使った意匠が人気となった。麻をウコンで染めた後、重ねて藍で染めて萌黄色となる、この染色方法は株仲間の蚊帳問屋にだけ許していた。のちに安価な木綿が使われるようにもなった。

中村武右衛門三代（一八一一〜一八七九）

中村武右衛門家の初代は中村治兵衛家と同族で五個荘（東近江市）の中村刑部より出ており、麻布製織を副業としていた。享保二年（一七一七）にはじめて信州方面に行商に出ている。

三代武右衛門の時代には先代よりの「正直」を信条とし益々その特徴を発揮した。中村家では代々「正直」の二文字を信条としており、同業者同士のとりひきにおいても武右衛門の商品といえば、品質の問題がないことが有名になり、各地の市場で品質に定評があった。またこの当時出荷する布荷の札は普通、木片や板切れを付けたが、武右衛門は立派な檜の厚い板を用いたので、一目で武右衛門の商品と判別ができ、正直な武右衛門の商品を客は安心して買ったという。

四代目武右衛門は、同業者から僅かの金を預かった場合でも必ず預り証を渡し、相手が不要といっても、「もし私が死んだらほかの人が知るわけがない。それであれば預けた人が損をし、当方の信用をおとすことになるから預り証を渡すのだ」といったという。

二、近江商人の二大徳目

勤勉と節倹

天秤棒と星　・＼・

出精専一之事、無事是貴人、一心、端心、正直、
勤行、陰徳、不奢不貪是名大黒
奢者必不久

（五個荘　松居久左衛門初代店印と画讃　19C初）

松居久左衛門家は屋号は星久、店印は・＼・である。彦根藩領、湖東地方から近江商人が出るのは日野商人よりも半世紀以上、一世紀近く遅い。松居久左衛門はその中で早々に大成し、余力を利して、後進の湖東商人に資金の融通もおこなった。出精、せいを出して働くことが第一で、奢ることなくケチ

ることもない生活態度が「大黒」である。自分の肖像画に「奢者必不久（おごる者必ず久しからず）」と自讃した。これは座右銘である。

幕藩体制下の彦根藩領民としての身分は百姓で、自宅では水田耕作を自らおこない、怠らなかった。節倹に努め、近隣の貧者に対しては年貢上納を手伝ったが、その仁慈が高名になるのを遠慮して他村には手を出さず、陰徳を心掛けたという。藩主直弼に対する庄屋の答申書に記された内容である。

近江商人は小売行商人ではなかったから、天秤棒で担ぐぐらいの荷を日数かけて売って満足する商売でなかった。当時利用できるあらゆる輸送手段を利用した。船の能力が最大で、大商人は自船を多数持ち、大坂、敦賀、小浜から船が活発に動いた。海上輸送の危険を補填するため「海上積金」という海外保険制度があったことも見落としてはならない。

陸上では牛と馬が通常の手段で、生糸などの値嵩軽量品は海難を避けて陸上を運んだ。

ところが、近江商人のすべてではないが、かつて営業にも使ったことのある本家では、表口の土間の壁に天秤架があり、細身で短く、よく拭きこんだ天秤棒が架けてある。これは日常の荷役に簡単に利用でき、これが活発に動くのは商売繁昌の明瞭な表現、勤勉さを表す象徴とされたものである。

星には二つの意味がある。成功の瑞兆としての星は、キリスト教でも海の星を人生の目標としているが、遠い山の頂上にきらめく明星を見て、起業の意思決定をしたという話は少なくなく、屋号や商標に星を入れ、山星金星、大星などという社名は現在でも続いている。

別の星の意味は勤勉である。朝は早く星を戴いて家を出て、夕には晩く星を背に負って帰る星である。

松居久左衛門家の「●／●」は、天秤棒と星を配した店印で、「出精専一」と心得る店是の象徴である。

旧西川利右衛門家の天びん架

松居久左衛門三代　（一七七〇〜一八五五）

神崎郡位田村（東近江市五個荘竜田町）で生まれ、農業のかたわら生糸・綿布・麻布《まふ》を全国に行商し、やがて江戸・京都に出店を開く。同時に金融業を行い、京都の両替商と結んで湖東商人の間で大量の資金の融通をはかった。日常の生活は質素倹約に徹し、「奢者必不久（奢る者は必ず久しからず）」を信条としたが、有事には出費を惜しまず社会奉仕に尽力した。湖東商人の中で最も早く金融業に転じたので、後出の小杉五郎右衛門や小林吟右衛門もその融資を受けている。商標の╲は天秤棒を肩に担ぎ朝星、夜星を仰いで働くことを意味している。晩年は遊見と号した。

松居久左衛門の画讃
（近江商人博物館蔵）

金持商人一枚起請

もろもろの人々沙汰しもうさるるハ、金溜る人を運のある。我は運なき杯《など》と申ハ、愚にして大なる誤なり、運と申事は候はず。金持にならんと思はば、酒宴遊興、奢を禁じ、長寿を心掛、始末第一に、商売を励むより外に仔細は候はず。此外に貪慾を思はば先祖の憐みにはづれ、天理にもれ候べし。始末と吝《しわ》きの違あり。無智の輩は同事とも思うべきか。吝《しわ》光りは消えうせぬ。始末の光明満ぬれば、十万億土を照すべし。かく心得て行ひなせる身には、五万十万の金の出来るハ疑いなし。但運と申事の候て、国の長者とも呼るる事ハ、一代にては成かたし。二代三代もつづいて善人の生まれ出る也。それを祈候には、陰徳善事をなさんより全《まったく》別儀候はず。後の子孫の奢を防《ふせが》んため、愚老の所存を書記畢。

（文化二丑正月　九十翁中井良祐識）

日野の中井源左衛門家、初代の良祐の筆になるもので、相当若い頃に一作あり、その後、寛政、享和、文化年間に書き改め、文化元年にも書かれ、二年に右のものになった。

画仙紙半截縦ものと、奉書全紙横になったのがあって、木版に起されて増刷し、関係の大商人に領布されたので、今日も多く残っている。良祐は九十歳の長寿を保ち、最後まで店務にもかかわっていた人で、その生涯をかけて自ら体験会得した商売の極意であるが、文体は私淑していた法然上人の一枚起請文にならっているけれども、その内容は行いすました老豪商の言にふさわしい意をつくしたものである。

成功した人の努力に目をつむって、運が良かったと片付け、自分の失敗をその努力の不足と反省せずに、運が悪かったというのは大変な間違いであるとたしなめた上で、才覚だの算用などということには一顧もあたえず、むしろ旧作にはこれを山師商売への道とたしなめており、長寿と始末と勤倹の三徳にしぼっている。

始末とは標準語では整理の意味であるが、江州ではその意味には使わない。江州の方言としての「しまつ」の意味は、当字の「始末」にかかわらず、節約の意味であるが、真意は節倹では十分でない。

一般にいう「ケチ」とは基本的に違う。「しまつ」な人は行動の当初に普通の場合よりは多くの支出、多くの消費をすることもあるが、長い目で見ると、それ以上の大きい成果を受けるように使うのである。長期的経済合理性が「しまつ」の意味である。

日本的に有名な成功者となるには一代限りの成功では及ばない。二代、三代と続けて良き経営者が生まれることが必要であるが、それは初代個人の努力ではどうしようもないことで、人間の能力の限界を超えているのであるから、絶対者に依存するほかはないが、その具体的方法は世間に「陰徳」を施すにしくはないといっている。自己主張のはげしい欧米の風に馴染んだ日本人にとっては、陰徳の気持はわかりにくいと思うが、江州では一般的な考え方である。

子孫の代になって、世間の人から先代は偉い人物であったからと、目を掛けてもらえるなら安い投資であるとか、今一定額を世間に投資しておけば、子孫の代にそれ以上になって戻ってくるから採算に合うなどという解釈があるが、寄附するものの気持の分からない打算的解釈で、当たらないことはなはだしい。

中井源左衛門初代（一七一六～一八〇五）

中井家に逗留した司馬江漢が描いた
初代中井源左衛門
（近江日野商人館蔵）

享保元年（一七一六）、滋賀県蒲生郡日野の日野椀問屋の長男として生まれ、幼名を清一郎といった。十歳で父と死別し、十九歳になると伯父の井田玄泉から合薬六十貫と現金三両を借り受け、自身がこれまでに貯めた二両を持って、近隣の商人が東国に下るときに同行を願って初めて行商にでた。

初年度の利益は自己資本二両に対して六両の利益を得たが、この金額では丁稚の給金と大差がないことから、他人資本を多額に導入し、薄利多売を心がけ、正味身代の増殖に努力した。行商を始めてから、十二年後には正味身代は四百両に達した。

寛延元年（一七四八）には甲州街道沿いの大田原に出店、当初目標とした仙台に出店したのは、行商を初めて三十五年を経た明和六年（一七六九）であった。源左衛門は九十歳まで長生きをし、この時の決算では十一万両余が計上されている。辛苦の末、起請文の通りとなったが、後継者への不満から、明確な基準を作っておくことが必要と感じ「金持商人一枚起請文」は何度も手を加えられた。

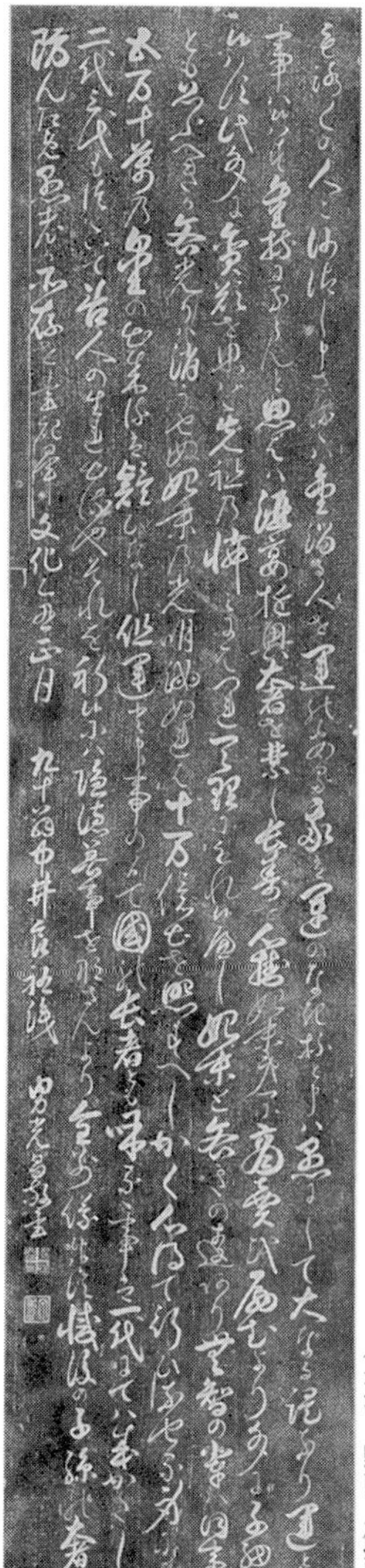

中井源左衛門家の「金持商人一枚起請文」（掛軸）
（近江日野商人館蔵）

高田善右衛門（一七九三〜一八六八）

神崎郡北之庄村（東近江市宮荘町）の高田家は、近江源氏の流れを汲むといわれ、代々醤油醸造販売のかたわら肥料商も営みつつ、庄屋を務める比較的裕福な家柄であった。初代善右エ門は寛政五年（一七九三）に生まれ幼名を善三郎といい、養子縁組の話があったことを契機に父に独立したい旨を伝え、僅か五両をもらい受け、各地の産物の行商を始めた。

雨の日も風の日も艱難辛苦をいとわずやがて東海道、中山道沿いに商圏を広げると、二十九歳で妻帯し、名も善右衛門と改めし京都に出店を構えた。

創業期の艱難辛苦のようすは大正九年（一九二〇）発行の国定教科書『尋常小学校修身書　巻㈣』に「常に天秤棒を肩に旅する姿は『刻苦精励』を信条とする近江商人の典型」として紹介された。

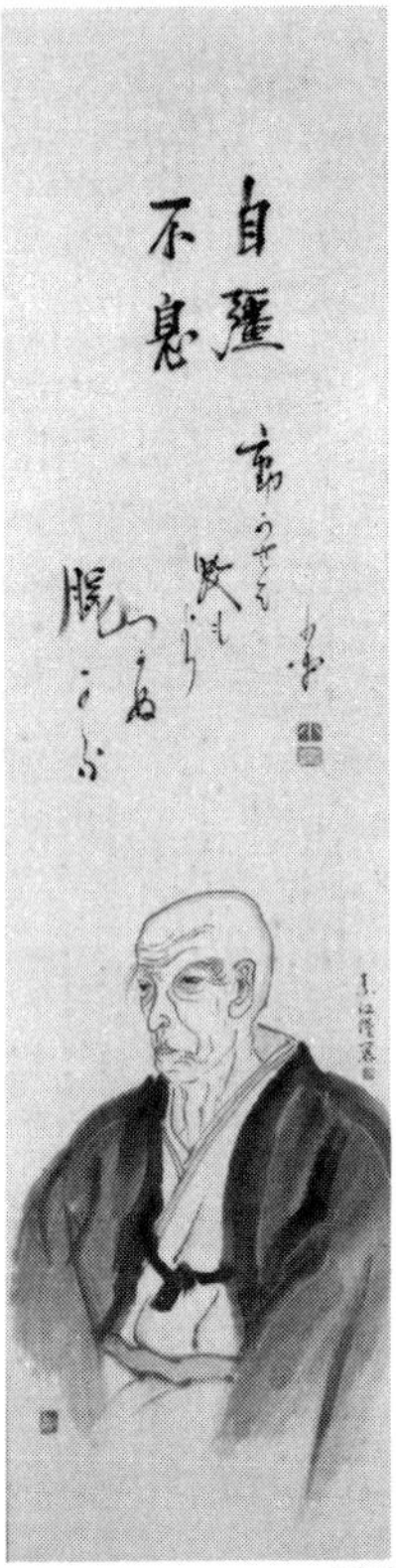

晩年の肖像画には「自《じ》彊《きょう》不息《やまず》」と記し、常に自ら務め、休まず励むことを伝えている。

三、陰徳善事

陰徳善事

積金遺子孫、子孫未能守、積書遺子孫、子孫未能読、不若積陰徳於冥々中作子孫長久計

（八幡　藤原忠兵衛「座右の銘」19C末）
（野洲　広瀬　宰平「座右の銘」19C末）

陰徳とは目にみえぬかげの間にて人のためになるよう……

（八幡　伴蒿蹊「主従心得草」18C末）

……二代三代もつづいて善人の生まれ出る也。それを祈候には、陰徳善事をなさんより全別儀候はず……

（日野　中井源左衛門「金持商人一枚起請」18C末）

陰徳という語が近江商人の家憲、店則などには数多く出ている。近江商人にとっては、陰徳には近江特有の意味があって、それは古典からの引用などで理解できるものではない。成功した実業家が巨額の財産を社会事業に寄附する事例は洋の東西を問わず多い。しかし、自己主張がきつくなった現在では「陰徳」人知れず社会をうるおすというケースはあまり聞かない。陰徳の精神はいよいよ理解されにくくなっていると思うが、それでも、陰徳の精神は近江商人の間では実在したし、今日でも変わってはいないと思う。

十分に尽しがたいと知りながら、まず出典をさぐり、学者の議論にも耳を傾け、結局は分かる人には分かるものと結論を呈示したい。

出典は中国漢代刊行の「准南子《えなんじ》」の「有㆓陰徳㆒者必有㆓陽報㆒、有㆓陰行㆒者必有㆓昭名㆒」で、陰徳にはかならず陽報が酬い、陰行、人知れず実行すればかならずその名は世に現れるという解説的な文章である。紀元前二世紀のものであるからそれ以上古いものはないであろう。

「金を積んで子孫に遺すとも、子孫いまだよく守るあたわず。書を積みて子孫に遺すとも、子孫いまだよく読むあたわず、陰徳を冥々の中に積みて子孫長久の計となすにしかず」

というのは司馬温公の語を、藤原忠兵衛の場合は天龍寺の禅師が送ったもの、広瀬宰平の場合は多分、漢学者であった京都の叔父の指導によるものと思う。宰平は野洲の医師の次男北脇駒之介が別子の住友家の銅山に幼くして入った後、京都の叔父に文通で指導を受けて成人し、広瀬家へ養子で入った人である。出典をたしかめ、学者がどう説明したかが問題ではなく、座右の銘としている人が銘に選んだ心情が大切であるが知る由もない。

八幡の伴伝兵衛家の一族で伴蒿蹊という国学者が十八世紀末に伴一族のために「主従心得草」を著わした。その冒頭は「主人心得」の事に「陰徳とは目にみえぬかげの間にて人のため……」になるようにと出てくるが、その後に「陰徳あれば陽報ありとて、かくのごとく常々つとむれば、目にみえる幸を得て繁昌すべし」と説明しているのをとらえて商人らしい功利的根性と評する論者があるが、それは蒿蹊にとって酷である。准南子からのそのままの引用であって、蒿蹊の思想ではない。彼は伴伝一族とはいえ学者であるから商人根性ときめつけるわけにはいかない。その後に書かれた「此幸を得るためとあてをしてするは陰徳にあらず、無心にてすれば自然にめぐるなり」という段で蒿蹊の思想が完結するのである。

実際問題として、功成り名遂げた日に、巨額の寄附を社会公共のために、名も告げずに投げ出す人の心事は理屈では説明できない。「祈り候には、陰徳善事をなさんより全く別儀候はず……」という中井源左衛門良祐の一枚起請文の言は意味深長である。

前項でこれに対する学者の批評は功利的すぎて、その学者に分かっていない証拠と書いたが、「祈る」というのは「自分に出来ない能力限界を超えたことの実現を、絶対者にむかって、自分に代って実現してくれるよう期待する」という通俗的「祈り」はここでは問題にならない。人が宗教心を起こしたときの祈りというのは、自分の能力限界を意識して、絶対者の決定に依存するという気持になるのが真の祈りで、「神の御心のままに……」という祈りである。祈りかたにはいろいろあろうが、商人としての祈りは巨額の社会的寄付行為という形をとるものである。

江戸時代には神社仏閣造営費の拠出という例が多いが、これは昔の村落共同体にあっては神社仏閣が集団の中核として尊重されたからで、その数を知らない。他には、大津京都間の逢坂山を越える道を花崗岩で舗装した「車石」の施工、瀬田の唐橋の一手架替え工事、街道上の常夜燈建設などの美挙や、明治以後の豊郷小学校を鉄筋コンクリート建てにして敷地ともに寄附したり、豊郷総合病院を単独で寄附した者、パリーの日本館の単独寄附などよく人に知られた徳行、凶作不況の時に必要以上の豪華な工事を行う「お助け普請」など、この幸を得るためにではなく、社会への貢献、社会への報恩の気持の陰徳の適例である。

藤原忠兵衛　(一八〇九〜一八六〇)

忠兵衛は、八幡町の干鰯問屋岡田九兵衛家の次男に生まれ、二十歳で京都の藤原源兵衛家の養子となった。養父は商いを怠ったので家運は傾き、何とか挽回するべく木綿を扱う業態に変更し再出発し、忠兵衛と名乗った。丁度極端な節約令が出され、木綿は時期を得て好調な販売ができ、畿内から九州までも商圏を広げ「鍵忠」として知られる大店になった。

明治六年(一九三三)大きな火災があったとき、自ら米を買い入れ被災者に配給したので、政府は銀杯を贈ろうとしたが、「自分が望むものでない」と断り、以降はすべて匿名で災害の際には多額の寄付をし、終生、節約を守り贅沢華美を厳に戒める姿勢を貫いた。

近江商人社会貢献の事例

近江日野商人館

山中兵右衛門のお助け普請
近江日野商人館

御殿場を本拠として醸造業などを行った日野商人、山中兵右衛門は、第一次世界大戦後の不況期、昭和十一年(一九三六)に本宅の建設を行った。社会が不況の際にできるだけ地域経済の活性化を願って自宅や寺社の建設を行うことを「お助け普請」といい、近江商人だけではなく全国的にも、事例はみられる。とりわけ近江商人にはこうした事例は多く、出店先を東北、関東に作っても、本宅は近江に置いておくのが常であったことがそのゆえんなのであろう。昭和四十年代以降は次第、本宅は留守宅になり、山中家も昭和五十六年(一九八一)には、本宅を日野町に寄贈し、現在は近江日野商人館として公開されている。

今も昔も東西交通の要衝である瀬田の唐橋には、東海道琵琶湖線、東海道新幹線、名神高速道路、国道１号など基幹交通路がかかる

中井正治右衛門の社会貢献事業

中井正治右衛門は、「金持商人一枚起請」を記した日野商人中井源左衛門の末子で天明七年（一七八四）に京と伏見に質屋を開き、翌年に四条富小路に移り、尾張徳川家、桑名藤堂家、亀山松平家、宮津本庄家などの御用達となり、漆の京都専売権を持ち、生糸の売買を行うなど大いに業績を拡大させた。さらに、源左衛門の遺訓を忠実に実行したので正治右衛門の寄付行為は、生涯に七十九件、金額にして八六七八両に及ぶ。際立つのが文化九年（一八一二）の瀬田の唐橋架け替え修理事業だ。

正治右衛門は三千両の寄付を幕府に願い出るが、建設に必要な資金は千両、残る二千両は架け替え工事が永続的にできるよう準備したもの

東海道草津宿から東に向かう草津川堤防に建立された常夜燈

大津市歴史博物館に保管されている大津、京都間の逢坂山に敷設された車石

であった。

建設費の拠出だけでなく、永続的に維持できることを願っての正治右衛門の行為は、草津駅の東海道と金勝街道分岐点の常夜燈の設置にもみられ、建設費銀五貫九四四匁のほかに永代の油料として銀二貫目を提供し草津駅ではその利子で常夜燈を運営している。

さらに京都と大津間にある交通の要衝逢坂山に花崗岩を敷き詰め、車が通りやすくした工事に関しては、費用の多くを提供している。没後八十年を経た大正十三年(一九二四)従五位が贈られている。

耐震補強改修工事を終えた旧豊郷小学校

古川鉄治郎の豊郷小学校建設

二代目伊藤忠兵衛と従兄弟の古川鉄治郎は明治十一年（一九三八）犬上郡四十九院（豊郷町）に生まれ、進学の夢を断念して叔父の伊藤忠兵衛に預けられる。やがて伊藤本店に入り、丸紅の専務にまで上り詰める。そして昭和三年（一九二八）、海外情勢視察の際、米国人が企業の利益を社会に還元している事実を目の当たりにした。当時の丸紅は「私利を追わず浮利益に趨《はし》らず」という堅実経営を行っていたが、視察後は利益の社会還元をより一層行うようになった。

こうした時に郷里の豊郷村では小学校の改築問題が浮上する。鉄治郎は「国運の進展は、国民教育の振興にある」との気持ちから小学校建設への寄付を申し出る。そして豊郷村予算の三

旧豊郷小学校講堂

倍の巨費を投じヴォーリズの設計による東洋一と称された校舎が昭和十二年(一九三七)に完成した。

平成十一年(一九九九)鉄治郎が寄付した校舎が改築計画により、取り壊されるという事態になり、豊郷町を二分する騒動になったが、結果、耐震補強改修を行うことで結審し、平成二十一年(二〇〇九)に工事が完成し、再び白亜の小学校が蘇った。

鉄治郎は生前、ラジオ番組で「自己も利し、他人も利し、すなわち共存共栄の精神にたってその営業に専念することが、商人道の真骨頂であると信じる」と述べている。

保存が決まり、改修された旧豊郷小学校群は、アニメ「けいおん」のモデルとしても知られ、若者の人気を集めている。

藤野四郎兵衛旧宅の豊会館

藤野四郎兵衛のお助け普請
「豊会館」と「千樹寺」

初代は、犬上郡日枝村（豊郷町）の農家に生まれ、寛政十二年（一八〇〇）、北海道に渡り独立開業。松前からさらに奥地の釧路・十勝・根室方面の漁場を商圏とし、文政十二年（一八二九）廻船事業に進出し北前船七隻を持つまでになった。七代目四郎兵衛の子、辰次郎（一八五八～一九〇九）は明治二十年（一八八七）に分家独立し、北海道開拓使が創設した根室の缶詰工場の払い下げを受け、サケ※缶詰の製造を開始。明治二十四年（一八九一）には五陵北辰の商標を道庁より譲与され、海外輸出を始めた。

旧中山道沿いにある豊会館（又十屋敷）は、藤野四郎兵衛の旧宅で、天保七年（一八三六）に建て

藤野四郎兵衛が再建資金を拠出した千樹寺

られた。天保の大飢饉の真っ直中。米価が高騰し、日本各地で餓死者が多数でたほか、百姓一揆や打ちこわしも頻発している時期であった。こうした時に藤野四郎兵衛が贅沢な屋敷や庭園を造り始めたという話が彦根藩の十二代藩主、井伊直亮《なおあき》の耳に入り、直亮は激怒して奉行をさしむけた。ところが普請の現場では多くの人が雇われて賃金が支払われ、家族の分まで食事が与えられていて逆に直亮を感心させたという。

豊会館の西、中山道沿いの千樹寺は行基が創建した四十九院のひとつ、信長の焼き討ち後に再建したのが四郎兵衛の祖先大右衛門で、その落慶法要を喜んで大勢の人が踊ったのが江州音頭の始まりといわれる、その後の大火の際にも四郎兵衛が多額の再建費用を拠出している。

※現在マルハニチロの「あけぼの さけ」として受け継がれている。

左團次以上の夜叉王
パリで上演中の「修善寺物語」

薩摩治郎八（左）と『修善寺物語』パリ公演の成功を報じた新聞記事（右）

薩摩治兵衛（一八三一～一九〇九）と治郎八

初代薩摩治兵衛は犬上郡四十九院村（豊郷町）の貧農の子に生まれ、九歳で父を失い十六歳で丁吟（小林吟右衛門家）に丁稚奉公に上がり、ここで大番頭にまで上り詰める。

慶應三年（一八六七）には、丁吟を辞して独立開業し木綿織物などを扱い、外国商船とも幅広く取引きをして財をなし木綿王といわれた。巨大な財力を得てもその生活はつつましく、常に郷里を想い、郷里の田畑を買っては、小作料を貧しい農民の救済に当てた。初代治兵衛のことば「郷里に惚れ　仕事に惚れ　妻に惚れ」は豊郷町の先人を偲ぶ館に掲げられている。

息子の二代目治兵衛は、仕事はほとんど使用人に任せ、蘭の栽培に情熱を注いだが、その息

豊郷出身の薩摩治兵衛、伊藤忠兵衛、古川鉄治郎らの資料が
展示されている先人を偲ぶ館

子治郎八への良き理解者であり、治郎八がその財をもって遊学先のフランスで、日本人留学生の支援や日仏文化交流に莫大な資金を投下することを容認していたと思われる。

十九歳でフランスに渡った治郎八は、当時フランスに留学していた藤田嗣二や藤原義江などと交流し、フランス社交界で注目を集め、日本政府に代わって日仏文化交流に懸け橋として莫大な資金を投入した。その最たるものがパリ日本館の建設であった。大正九年(一九二二)から足掛け九年をかけて建設が行われ、今の価値で数十億円の総工費であったといわれる。その功績で、治郎八親子は揃ってレジオンドヌール勲章を受章した。

塚本定右衛門三代が植林滋養を拠出した山梨県の塚本林（画像／山梨県提供）

塚本定次・正之の治山事業と塚本林

塚本定右衛門家の初代は、神崎郡川並（現東近江市）の農業兼布洗業を営む浅右衛門の三男に生まれ、文化四年（一八〇七）五両の元手金で初めて持ち下り商いに出かける。文化九年には甲府（現山梨県）に小間物問屋を開業。天保十年（一八三九）には京都に出店を設け、京都・関東間での諸国産物回しを行った。

初代が初めて出店した山梨県では、明治四十年（一九〇七）、四十三年と大洪水が襲い度重なる災害で人々が意気消沈していたなか、三代目定右衛門は、「災害の因は山にあり」と笛吹川源流の険峻な山の植林を申し出た。それから百年後、塚本林と命名され日本有数のヒノキ林となっている。創業二百年を迎えた平成二十三年

明治39年に建立された長浜市相撲庭町の頌徳碑
背後には植林後百年を経た樹木が林立する。こうした頌徳碑は地元の方によって県内各地に建立された。

（二〇一一）、三代目定右衛門が「山梨県に地域貢献した先人50人」に選ばれ、山梨近代人物館にその業績が紹介されている。

嘉永四年（一八五一）に家督を継いだ二代目定右衛門（定次）は弟の正之（初代粂右衛門）とともに家業発展に尽力し、明治五年に東京店を構える。

五個荘で観音寺山を見て育った定次・正之は、荒廃する滋賀の山林のようすを嘆き「治水の涵養は治山にある」と確信し、明治二十六年砂防・植林の費用として一万二千円の寄付を申し出ると滋賀県がその二倍の予算を準備し、県内各地で砂防・植林事業が始まった。こうした塚本兄弟の遺徳を偲んだ地元の人々によって頌徳碑が県内各地に建立されている。

住友の近代化を築いた　広瀬宰平《さいへい》と伊庭貞剛《さだたけ》

初代住友総領事の広瀬宰平（一八二八～一九一四）と二代総領事伊庭貞剛（一八四七～一九二六）は叔父と甥の間柄でともに滋賀県野洲市八夫《やぶ》の出身。広瀬は九歳の頃まで八夫で過ごし、十一歳で住友家に奉公に上がり、慶応元年（一八六五）別子銅山の支配人となる。明治維新の動乱期には、財政難に伴う住友銅山売却案に反対し、鉱山技師を養成するなど外国資本に頼らずに住友の財政を再建させた。広瀬の座右の銘は「逆命利君謂之忠」で本当の忠義を持って仕事を進める人物を登用した。伊庭はまさにその通りの人物であった。伊庭貞剛は、七歳まで母の実家の八夫で過ごし、その後近江八幡市西宿に戻り、ここから国学者西川吉輔の私塾に通いその後、司法官として函館にいた。ところが明治一二年、法曹の仕事を辞し郷里に戻ってきて広瀬に挨拶に行った。この時、叔父の広瀬からの勧めで住友に入った。

住友では、事業の多角化、近代化に果敢な決断を下し、広瀬のあと、総領事となったがわずか四年後、「事業の進歩発展に最も害をなすものは青年の過失でなく老人の跋扈（のさばりはびこること）」という言葉を残し大津市石山の別荘で晩年を過ごす。在任中、はげ山になった別子の山への本格的な植林や精錬所の移転を敢行する。住友銀行をはじめ、現在の住友各社の母体となる企業を設立、その他大阪市立大学などの設立にも尽力し住友の顔として大阪経済界での足跡も残る。

四、近江商人の資本意識

店への出資と店の経営

一、小泉酒店之儀、此度拙者仲間ニ被成被下《なされくだされ》此後引請《ひきうけ》世話《せわ》司仕《つかまつるべく》候、尤仕込金《しこみきん》之義者、入用次第御取替可被下可筈《くださるべきはず》、利足《りそく》の義者壱ケ年ニ壱割勘定と相定申候、私世話として金五両宛《づつ》年々宿本江《え》御渡し被下《くだされ》、則店諸入用《しょいりよう》ニ相成《あいなし》申候、諸入用利息等指引、損得有之候分ハ 弐割《ふたつわり》に可仕候

一、蔵敷之義ハ相定之通り貴殿方江御請取可被成《なされるべく》候、

右之通相定、……然上は出精世話可仕候、為後一札如件……

（日野　中井源左衛門「小泉酒店相定申一札事」18C中）

近江商人は店と家庭をもともと明別できる状況にあった。近江の本家は百姓で、農業用財産を主体とし、蓄積と借入金を店へ出して営業用とする。店へ営業用として出資することをいろいろと呼び、「店へかし」「出金《だし》」「入金《いれ》」「店へ預け」などと一定しないが出資金であることを表現しようとし、やがて「元入金」「元手金」という語が熟した。中井家の場合は「望性金《もうしょうきん》」という特別の呼び方ができていた。資本金という語は明治以降に熟したのである。

近江商人には「組合商合」「乗合商合」と呼ぶ合資制度もできて、出資関係はさらに明確であるが、右に引用したのは簡単な出資関係の例である。小泉酒店を傘下に入れるに当たり、中井家が単独で出資する（仕込金《しこみきん》は入用に応じて出してくれると表現）辻次郎七という男がもっぱら経営を担当する（引請世話可仕と表現）次郎七が世話人と呼ぶ経営担当者であるから、世話料として年俸五両を支給し（世話として金五両宛年々宿本に御渡）これは損益計算上は酒店の営業経費（すなわち店諸入用に相成し）に参入する。また中井家から出資金には年一〇％の「利足」をつける。利足・営業経費など差し引いた上で損益が出れば、中井家と辻次郎七が折半するという。固定資産（蔵敷之義）は中井本家に帰属させるという契約を一書にして提出した。

本家が出資した元入金は正しく確立された上に、毎年一〇%の利益を繰入れて増殖させ、純損益が出れば本家はその五〇%の利益を割当てられるという計算で資本金の計算取扱が定まっている。

店に対する出資と経営が人的に分離されているときにはこのように計算的に明別できるが、本家が個人としてもっている店についても、計算的には同じことで、理念的にこのように分離されていたことが資本意識の確立、店を主人の個人財産の中にあると考えないで、店は別個に存在する資本体であると考えることになったのである。

そこで店の資本の維持が重大な関心事となる。どの商人も、八幡商人も湖東商人も、自分自身のための計算として、年度末に資本確定計算を内容とする年度決算をおこなった。

期末資本が期首資本より増大しておればその期は利益である。資本は資産在高から負債在高を差引いた正味財産である。この決算の内容は資本確定成果計算であるから、資本計算的成果計算と呼んでおく。帳簿があれば帳簿残高を用いるし、なければ期末の実査をやればよいので、どんな近江商人もこの成果計算を実施し、記録を残している。

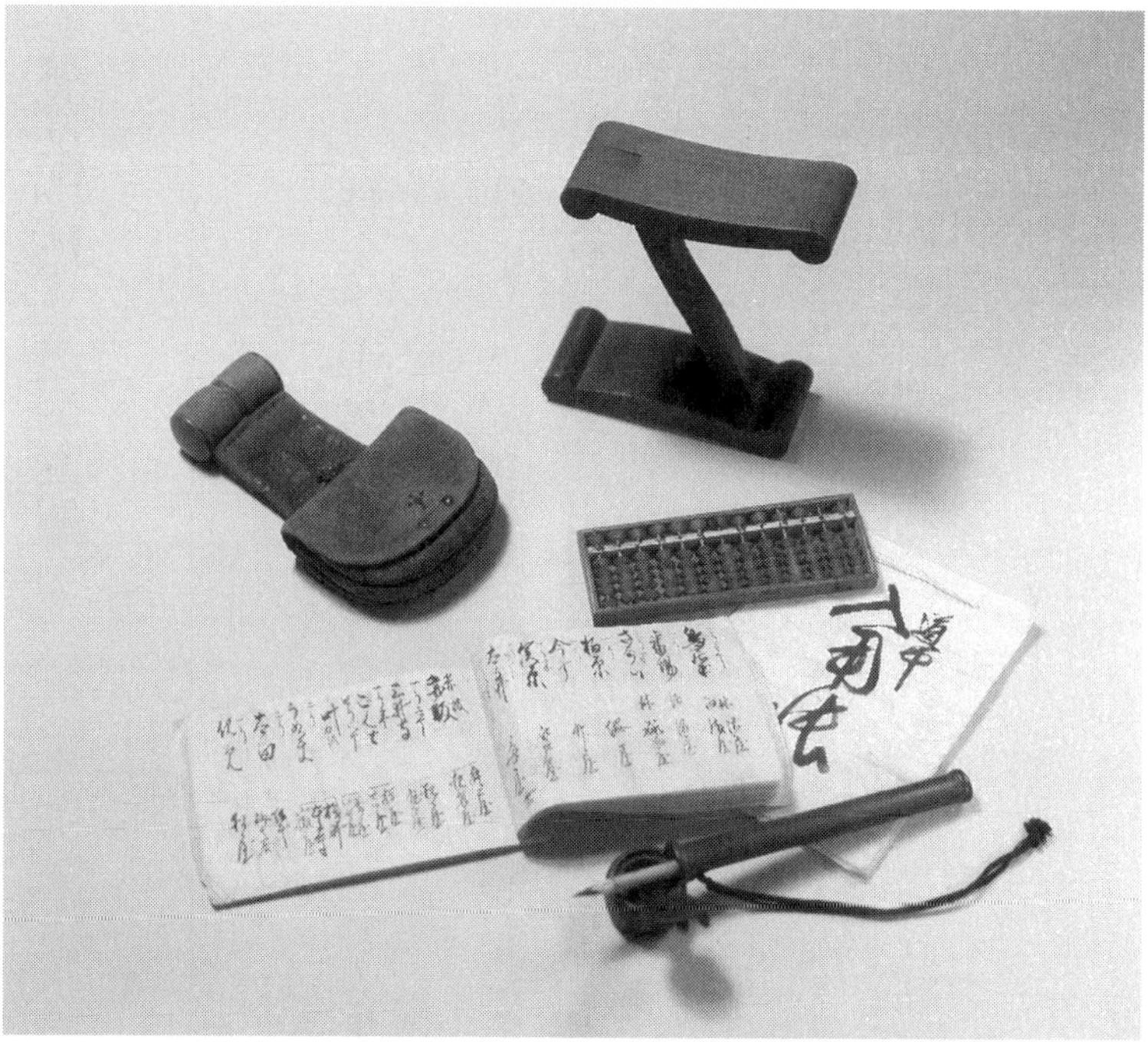

行商に携帯した矢立、早道、道中入用帖など

利益分配法、三つ割銀

一、店望性金千両也、利息月六朱、但閏月も掛り候事

一、店歩割廿歩、内十歩仙台持、又九歩中井持、又壱歩支配人、是は出精金に遣《つかわ》す、尤損金之参り候節は十九歩に可仕候事、

一、利息は年々本店へ為差登可申《さしのぼせとなしもうすべく》候事、徳用之分は右利足勘定にて店に預り置可申事

（日野　中井源左衛門「相馬店定目」18C末）

近江商人の利益金の配分方式は多少の差はあるが、大筋では「三つ割」制であった。

利益金の中からまず資本金に対する一定率が資本金に繰入れられる。さらに利益があればその一定率が世話人（支配役）に分配され、他の分は資本金に繰入れられる。今日の利益配分の語をもってすれば、①一定率を配当金とし、②残りから重役賞与金と、③積立金にされるのであるからまったく同じ考え方である。これが江戸時代中期には確立されていたのであるから、その資本意識の近代性は一驚である。

中井家の多くの出店のうち福島県の相馬に開かれた相馬元方店の「店定目」を引用した。本家が二十分の九、仙台店が二分の一の資本（望性金）を出して建設した店である。その合計は金千両（後に四千両に増資）である。

そこでまず月計算で、閏年（閏年には一年に十三ヶ月を置くので一つの月が閏月と呼ばれる。今日の閏年は二月が二十九日であるが、これは太陽暦でのことである）も同じに計算されて、月六朱の利率で「利息」と呼んで、この額は毎年本店へ「差登」すなわち現送すべきものとされ、さらに利益に残余があれば、その二十分の一（壱歩）は支配人の出精金（賞与）、残りの額二十分の十九のうち、二十分の十は仙台店の分、二十分の九は中井本家の分とするが、これらはいずれも内部留保として、それにも月利六朱の利率で毎年「利足」をつける。

資本金に月利率六朱の割で「利足」を計上したあと、剰余が出るどころかマイナスになったときは、支配人は負担免除、仙台店と中井本家で十九分の十と十九分の九を負担する。

支配人に対する出精金というのは支配人の努力を刺戟する目的の分配金で現金支給はなされないが「出精金預り」として累積させ、別家する機会にその合計額が現金支給される。

西川甚五郎家七代西川利助（一七四六～一八二五）

西川甚五郎家第七代利助の時代は、江戸に十四軒あった八幡商人の蚊帳問屋は五軒にまで衰退するという深刻な不況期だった。この時利助が行ったのは積立金の改革である。

江戸の町は常に火災に見舞われる危険が多く、そのための出費への備えを「普請金」「仏事金」「用意金」の三つの積立金の財源・運用・支出の方法を決める「定法書」を作った。積立金の目的は火災時の再建資金を確実に備えることにあり、地代や純益は直接営業経費につぎ込まないで増やしていく方法をとった。

さらに「三ツ割銀」の制度を作り、毎年の純益のうち三分の一を奉公人に配分するという、今でいう賞与にあたる制度を作ったので奉公人はより勤勉に奉公した。利助は、経営組織の大改革を行い、経済混乱期を乗り切り豪商としての基礎を築いた。

創業四五三年を迎えた二〇一九年、甚五郎家は経営組織の一体化を図り、西川株式会社として新たな事業展開が始まった。

会社企業（組合商合）・資本の抽象性

為取替《とりかわし》証文之事

一金七千五百両　源左衛門出金　拾五歩
一金千両　九右衛門出金　弐歩
一金千両　善兵衛出金　弐歩
一金五百両　新右衛門出金　壱歩
合壱万両也　〆弐拾歩

右之通、此度望性金割合を以出金、青苧商内並丹後表糸商内、是外各々相談之上相始候

一、出金歩合日廻し銀壱貫目に弐分五厘つつ相定、貸し借り差引可致事

……中略……

一、惣勘定は十二月に壱度、新糸前五月に一度と

両度相改可申事
一、両度惣勘定之上出金利足並に徳用之儀は歩高割合を以配分可致事、若損金有之候は、右割合を以出金可致候事……以下略

（日野　中井源左衛門「為取替請文之事」18C末）

近江商人の店の企業形態は主として合資形態で、組合商合とか乗合商合と呼んだ、稲西商店が珍しい形態、稲本・西村の二人の合資形態といわれたのは研究が未開発の段階でのことで、今日の研究ではほとんどが合資形態であったことがわかっている。その合資の目的は資本を集中することではなく、多くの有力商人の信用の結合をはかったものである。

商法典というものがなかった江戸時代のことであるから、これを「法人」とは呼べないが、自然人でない、商取引を実体的に行動する非自然人ができ

ていたのである。

引用したのは中井家が伏見に支店を発足させるための合資の具合を規定したもので、伏見店の正味財産（資本）は一万両であるが、これを日野と京都の四人の商人がそれぞれの金額を出金（出資）する。全体を二十歩に分け、「望性金割合」すなわち出資比率が出金割合で決まる。望性金は中井家特有の用語で資本金、元手金に相当する。

この店は出資者の主力は中井源左衛門家であるが、中井源左衛門個人のものではなくて、伏見店という存在で、出資した四人夫々が伏見店名代である。代表取締役に似ている。

この店は年末と新糸が出る前の五月とに決算を行うが、その結果の損益金については、①日歩計算で一日銀二分五厘／一貫の割合で出資金に繰入れ（出金利足と呼ぶ）、②それ以上の徳用（剰余金）は店の名代（この原文省略）と、③出資比率どおりに出資者に分配し、損金のときこの比率で補塡するという約定である。

出資比率のことを望性金歩高割合と呼ぶが資本主権というものがこの割合ずつあるということで、企業を形づくっている具体的な資産の一々に対して出資者の所有権が在するのではない、消極的な負債について、どれを出資者の誰が責任を負うのでもない。企業について出資金の割合で「歩高割合」（持分権の比率）を主張できるということである。

資本主権という抽象的な概念が江戸時代の中期にすでに確立されていたということは、驚くべきことで、明治以降に会社企業形態が資本集中的機能をめぐって推奨されたことと対比すると、ヨーロッパの近代化どころでないピッチで日本独特の会社形態が進んでいたということがわかる。

ただ株式の譲渡や相続でもって資本主権が譲渡し相続できるほど通念化していたわけではなく、相続人が望性金の割当てを受けて相続後も企業形態がそのまま続くことはなかった。

大福帳による複式簿記

資本確定計算を応用して資本計算的成果計算という決算法ができる。これは西洋式でいえば、賃借対照表と同内容で次図のようになる。

期末資産合計	期末負債合計	
	期首資本①	期末資本
	当期利益②	

公式では、

期末資産合計－期末負債合計＝期末資本……①

期末資本－期首資本＝当期利足……②

この計算には帳簿記録があってもなくてもよい。ない場合は期末実査で算定して、組めば作成できるので、八幡商人、日野商人、湖東商人のいずれもこの形の決算をやっていた。（P101参照）これは単式決算である。

しかし商人にとっては売上高や受取手数料・受取利息などの収益項目や仕

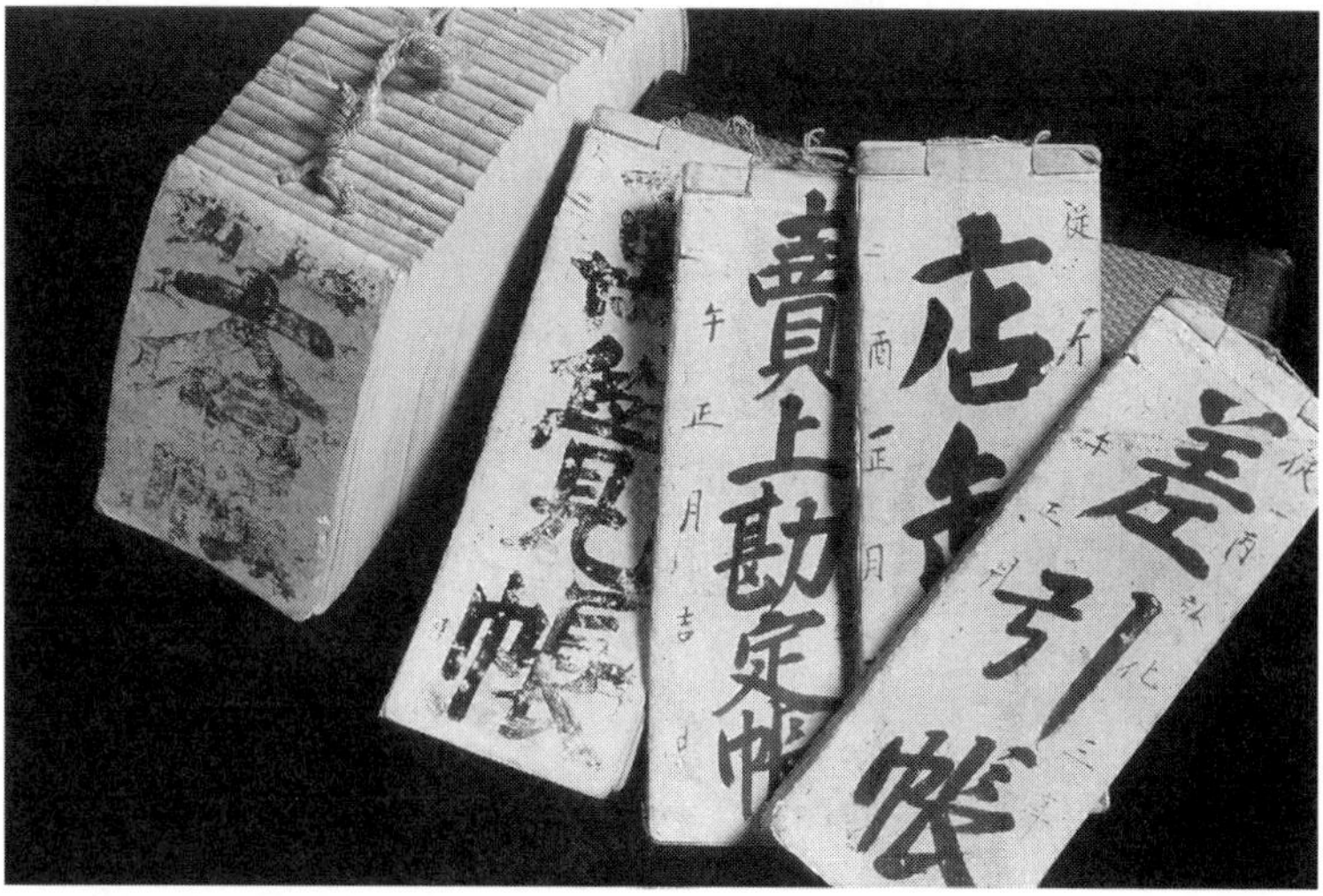
賣上勘定帳
差引帳

入高、給金・運賃・支払利息・営業経費などの費用項目の年度発生高は重要な会計数値であるので、右の資本確定計算のための諸勘定帳簿のほかに、これらの収益や費用の項目毎の年度合計を求めるための諸帳簿も設えていたが、これによって年度収益から年度費用を引いて利益を算出する損益計算的成果計算という決算方式は容易にできる筈のところ、実際にはやっていたのかやらなかったのか、とにかく会計資料としては残っていない。多分やっていたが計算結果が一致しないので残さなかったのであろう。

年度収益合計	年度費用合計
	当期利益

公式で示せば

年度収益合計－年度費用合計＝当期利益

すなわち損益計算書である。

二つの決算方式が実際には一致させにくいことは早くから分かっていたこ

とで、中井家の決算の例では、当初二十年程は「外に〇〇あり勘定悪《あ》しく」とその喰違う推定理由を注記して、実際にはこれ以上の利益であるがと意見を述べている。

この一致しない理由は取引の記録が脱漏してしまうことがあるからで、取引が漏れなく記録されるように帳簿や勘定口座を開設すればこの問題は解決する。

中井家の場合は二つが一致するにいたるまでの試行錯誤が決算書に注記されている事項をみればわかるので面白い。

やがて、あらゆる取引の金額はある帳簿と他の帳簿に複記されるということを発見した。取引複記の原則である。複記されればその取引の記入は完了、複記できないなら何か欠如している帳簿項目があるからで、それを補って開設すれば全体の体系が整うというわけである。複記されていることを確認するにはある帳簿に記入されているある取引の金額が、別の帳簿にも記入されていることを確かめればよい。たとえば、現金売上一〇〇円という取引なら、現金出入帳の収入欄に一〇〇円が売上高と摘要をつけて記入され、別に売上帳に一〇〇円が現金売上と註をつけて記入されていると、それで完了

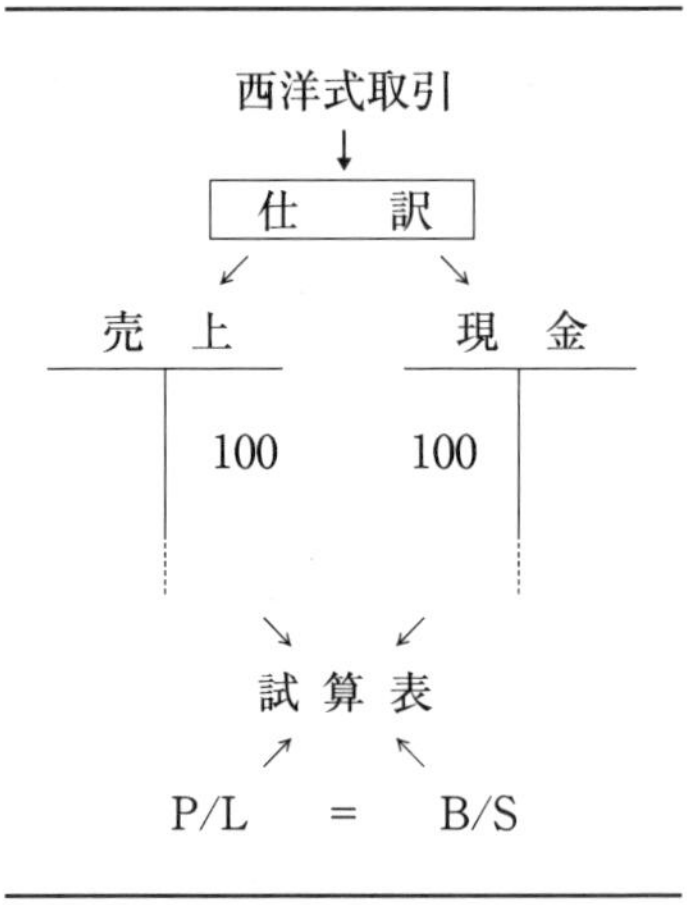

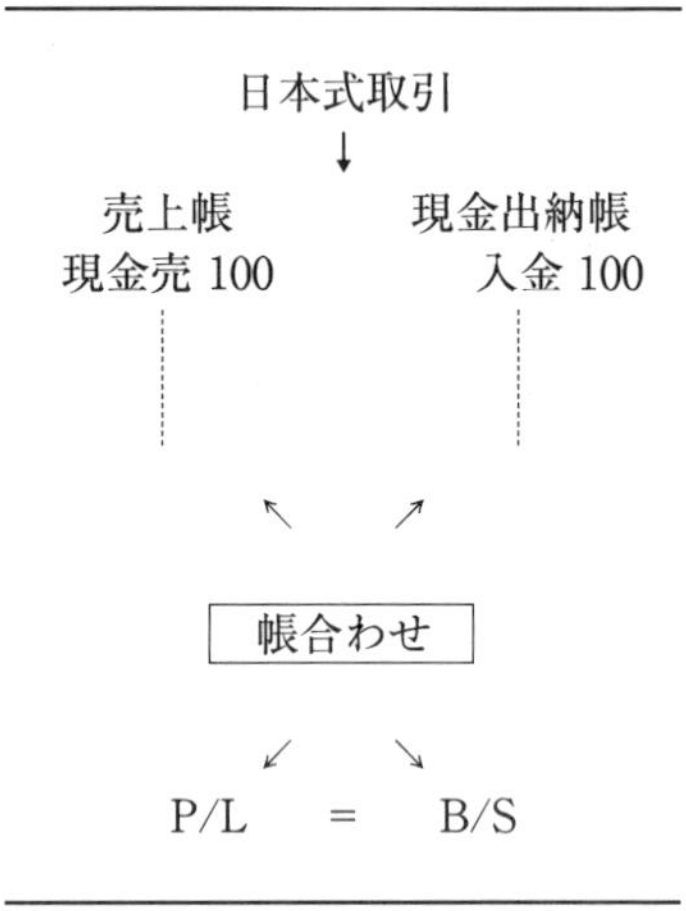

である。

そこで会計手続きとして、毎日営業が終了すれば関係者が集まって、帳簿記録を互いに照合するのである。複記されていればその双方に照合印が押され、全金額に押し終ればその日の取引は全部複記されたと分かるので記帳完了である。この手続きを「帳合わせ」と呼ぶので、日本の簿記法を「帳合の法」と呼ぶ。

西洋では同じことを「仕訳」で保証しているわけで、試算表をつくって記帳の正否を検証できて、それが西洋式複式簿記の一大特典のように教科書には書いてあるが、これは正しくない。日本式複式簿記でやる帳合わせは「突《つき》合《あわせ》」であって、その方が労力は少ない。

大福帳というのは必要な限りのすべての勘定口座を開設した帳簿で、総勘定元帳に相当する。その勘定口座に記入された金額をつかって、資本計算的成果計算（賃借対照表B／S）と損益計算的成果計算（損益計算書P／L）の二つの決算が可能で、その両計算が同じ年度利益を算出するというのであるから複式簿記そのものである。

複式簿記法は明治以降に西洋から導入されたという通説をくつがえして、近江商人の間では日野商人の大商人が江戸時代中期、元禄時代を過ぎて間もない頃にすでに確立していたのである。

このような決算が何故に必要になったのであろうか、資本維持の確認のためと、出店という営業部門の経営を計数的に管理するための計算で、前述のごとく、分肢経営の管理責任者の業績目標や管理者刺戟のための徳用分配という問題がこのような確実で合理的計算方法をあみ出したものである。

近江商人の資本意識はこれほどまでに高められていたのである。

近江商人郷土館内　帳場のようす

五、主人の権能

商売替法度《がえはっと》

一、商売は、以前より仕来りの作法を乱さず、同心協力して時の流行に迷はず、古格を守り申すべき事

吾家伝来の商売の外、別に新規なる商売を増加せんとする時は、店中一統協議を遂げ申すべく……

（八幡　市田清兵衛「家訓」18C初）

尤時の宜きを用い悪きを糺候儀格別之事

（八幡　市田清兵衛「定」18C末）

一、商売替無用之事

（日野　山中兵右衛門二代「慎」19C初）

御先代より初置《はじめお》かれし仕成の売買大切に守、正直

に取扱可申事也

（日野　中井源左衛門二代「中氏制要」19C初）

御公儀様御法度之儀は不及申堅《もうすにおよばず》相守り、当店の家風急度《きっと》相慎可申事

（日野　矢野久左衛門「掟書」18C初）

家相続の義は守ると守らざるに有るなり、必ず其家の作法仕来り之義、心得違いこれ無き様、大切に相守り精勤すべし……只家法を守り専ら勤《つとめ》て無事長久計《はから》ひ怠るべからざる事

古来より我が家相伝之欠引《かけひき》は自然天性にして……目先当前の名聞に迷はず、行末を平均に見越し、永世之義を貫き申す可き計《ばかり》に候、是れ則ち先祖代々の思召退転無く今に相続いたす所也

仕来りの家業も世事の移り替るに随い異なり、一

同熟読の上時宜に改革すべし、尤古格先例必ず遺失致すべからず、家の作法堅く相守り、日々新に勤倹致す可く候事

（五個荘　外村與左衛門「心得書」19C初）

山中家の「商売替無用」をはじめとして中井家、矢野家ともに家風を守れといい、「相不変《あいかわらず》」「無事《ことなし》」という語が繰返されている。これを論拠に近江商人は保守的で、堅い一方、家を守ったがその退嬰的政策が繁栄を妨げたと説くものが少なくないが、文字に表現されたままであったと断定する研究方法では誤解に陥る危険が多い。その文字の裏に何が意図されているか、その時勢背景を考慮に入れること、事実で立証することが大切である。

日野商人の大家三者を引用した。幕藩体制が変貌しはじめ、各藩に新産業が興りつつある時代の商人で、進取の気象に富んだ商人群がなぜ革新を避け

るようなことを言うのか。

まず三代目に移る前だということに注目したい。創業者は本来実力者で、独裁者で、判断が正しく、自信に溢れている。二代目はその影響を強く受けてもいるし、初代が成功の秘訣の一、長寿に恵まれて、隠居しても業務から手を引かないし、股肱の臣の大番頭も健在で二代目を守っている。ところが三代目にはその支えがない。特に養子を迎えるという場合には一層確信がもてない段階である。

また時代が変革する最中である。その中で新らしい潮流を確認するには老練な判断が不可欠であるが、若い経営者は血気にはやって暴走し、父祖の業をも失いかねない。

このような時代背景では創業者が老婆心からブレーキを利かせ、退嬰的にさせてしまったという解釈が通俗的には出てくる。

事実を確認してみよう。近江商人で祖業を守り続けたものはほとんどいない。屋号は創業時にその業種でつけるから、布屋、紅屋、丁字屋などあるが、その後は業種が刻々に変わった。

城下町に腰を落着けた八幡商人もいつまでも畳表や蚊帳を主力にしていた

のでなく、関東呉服へ移行した。十八世紀には日野商人と並んで諸国産物廻しに乗出す。市田家はその例で、日野商人も塗椀や売薬を主力にしていたのは初期のことで、早々に東西産物一般に及ぶ広さと、そのための東国一円への出店網展開が武器となった。「時宜に応じて」決断せよというのが十八世紀末から十九世紀初頭のことである。

近江商人は明治となっても文明開化の波に乗らず、店の構えは昔のまま、表には日覆をかけ、和服姿で前吊《まえだれ》がけ、揉手《もみて》して框《かまち》に腰かけた客と相手になる。この様子を見て、西洋文明導入の先駆者を自称した学者が、官員の新しい風貌とくらべ、商人の目にはにぶく澱んで人種が違うようだと貶し、商人というのを嫌って実業家という新語をつくった。旧弊さが近江商人を落魄させたと論じるものもあるが、それは見損いで、取扱商品と客筋がこの古い風を守らせたのである。

昔からの店は番頭にまかせて古い外形のまま経営し、主人は別個に新事業を興してその会社の重役に就任して新産業を育てた。昔からの店は時代が移れば衰退してゆくかも知れないが、近江商人の生命は新会社につながる。

商売替禁止の掟は、店一統の協議という制度にささえられていた。

十八世紀初頭には商売替を禁じつつ「同心協力して」古格を守れといい、「別に新規なる商売を増加せんとする時は、店中一統協議を遂げ…」と衆議による道があけてある。

その後半世紀経って厳禁の掟が書かれる時代になるが、この時期には衆議にかける制度が具体化していた。中井家の和合寿福講などの適例がいくらも存在していた。

企業の意思決定を衆議に依存するという工夫を具体化する一方で、主人というトップ経営者が、業種転換というような重要な意思決定、戦略決定に独裁的権威を行使しないよう、主人の個人の所有と考えない店の性格を確立して、基本的経営決定は衆議にかけるという新らしい企業概念が成立していたということである。

矢野久左衛門（?～一七三六）

矢野久左衛門家の初代は文右衛門といい、滋賀県蒲生郡日野の矢野喜兵衛の長男として生まれ、やがて日野椀や呉服・雑貨を行商して、享保二年（一七一七）桐生新町二丁目で雑貨・金融を始めた。二代目は寛延二年（一七四九）清酒醸造と質商を開業し商号を近江屋喜兵衛と称した。以後荒物商、味噌醤油醸造、呉服太物商と業務を拡張し、店舗数は五店に及んだが、明治初年に、荒物業部門を独立し近江屋矢野支店とし、薬種・染料の販売、味噌醤油醸造、酒類販売部門を矢野本店としている。

現在に引き継がれている株式会社矢野は群馬県みどり市に移転しているが、創業地には茶の販売などの「矢野園」があり、醸造業を営んでいた頃の建物群は桐生市に寄贈され「有鄰館」として文化交流施設になっている。

久左衛門家の家法は九ヵ条からなる「家内之掟」と三十一ヵ条からなる「掟書」が残る。「掟書」には追書《おってがき》があり、「遠国出店」では「質朴篤実」をもっぱらにすることで店が永続するとし、他国稼ぎ商人である矢野久左衛門家の家法制定の意図が示されている。（『近江日野の歴史』第7巻参照）

藤井彦四郎（一八七六〜一九五六）

「スキー毛糸」で知られる藤井糸店を創業した藤井彦四郎は、明治九年（一八七三）三代目藤井善助の子として、近江国神崎郡宮荘村（東近江市宮荘町）で生まれた。彦四郎は兄の四代目善助を助けて、明治三十五年（一九〇三）に呉服太物を扱う藤井西陣店を開店する。

研究心が強く、雑誌で人絹の記事を見ると、これこそ次代を担う製品だという自信をもって人造絹糸を輸入する藤井糸店を創業。「人造絹糸」の名付親は彦四郎であるという。

その後、兄善助が衆議院議員として政界に進出すると彦四郎が社長に就任。大正七年（一九一八）の反動恐慌や関東大震災での東京店全焼、あるいは昭和の金融恐慌や世界恐慌等、幾多の困難を乗り切り共同毛織や共同毛糸紡績両株式会社など数々の会社を設立。戦時統制経済で国内の企業活動が制約されると、活動の場を海外に求めて株式会社藤井洋行を設立した。

彦四郎のモットーである「現状維持は退歩なり」は、時局の変化を敏感にとらえ、常に進取の気性をもって新しい事業に挑戦した彦四郎の神髄を端的に表している。

単独信用授受の禁止

諸証文金談に至迄主人実印一判にて借貸無之《これなき》候事假令《たとえ》主人之斗《はから》ひを以外方にて主人判にて借金有之候共店には取上げ間敷事
万一右等之儀於有之《これあるにおいては》年々揣《あてがい》金不指免深慎に可被申附事

（湖東　小林吟右衛門「示合之條目」19C中）

主人は「売用に不拘候」と実際の取引には関与しない立場になっており、支店の利益金は本家に送金されることになっているが、これとても主人が集めて廻るわけでなく、支店の支配役の責任である。主人は支店を見舞うことがあるが、決して長逗留はするなとある。

主人を通さねばならぬことになっているのは、いろいろあろうが、特に断ってあるのは従業員を罷免する場合で、支店で勝手に決定せずに本家へ送って、主人が決めることになっている。これは丁稚奉公というのが雇用関係でもあるが、教育制度である面が強く、主人は丁稚の親から一人前の商人に育て上げることに責任を負っている関係があるからと思う。

このように、主人というのは経営における最上の絶対権力者という立場でなく、多くの制約を受けていた。どのように制約されていたのか。経営内部に対しては上位の命令権者であるが、外に対して決定権者としての主張をしてもらっては困る。主人は対外的な関係を熟知できる状態にはいないからである。しかし、主人の名において行動すれば対外的には代表権者であるから、この行動を否定するわけにはいかない。

そこで一本釘が差してある。その行為の責任は主人個人が負うて、店、企業には負担が及ばないという措置を内部的に決めたのが頭書の法度である。

主人が単独にやってのけることのできる行為として、実印を貸借証文に押すということで、それはやってはいけないが、もしやったとしても店は関係がない。その始末は毎年の給金を差し止め、さらに、後述の「押込隠居」にも処する という罰則がつけてある。

店という財団は主人の個人所有の対象とは考えないという企業観が確立されているので、主人の好ましくない行為が店に影響を及ぼすことはないという処置である。

小林吟右衛門（一七七七〜一八五四）

小林家は愛知郡小田刈村（東近江市小田刈町）で農業の傍ら、縁日商人といわれる零細な商いを行っていた。安永六年（一七七七）小林重内の次男として生まれた初代吟右衛門は、早くから商いで立身の志をたて、寛政一〇年（一七九八）に菅笠や呉服などの行商をはじめ、やがて、東北・北海道へと販路を伸ばし、天保二年（一八三一）に江戸堀留に織物問屋丁子屋を開いた。また、江戸・京・大坂で両替商を営み吟右衛門が六十歳の頃には数万両の資産を持つ豪商となり、彦根藩蔵元方調達金や藩の御用も務めた。藩主井伊直弼との親交は深く、攘夷派に狙われたとの話が残る。

桜田門外の変の際には、彦根藩より早く直弼暗殺の報が京店に届いたというぐらいにその情報力が優れていた。

てんびん棒行商から豪商へ成功した信条を「(略)我等ごとき細元手の小商人は人々の力を借りて今日の渡世をする者なり、実意にあらざれば人々の力を添えくれることなし、いかにも他人方へ不義理致さぬよう、人に損失を掛けぬようと、この心得第一とする(略)」と『見聞随筆』で述べている。

嘉永五年(一八五二)には、小林家からの出資で助成講がつくられ、飢饉や窮民救済にあてられた。

二代目小林吟右衛門(近江商人郷土館蔵)

押込隠居

一、後代之世継ぎ万一心得違ひ之義有之候は、不及遠慮《えんりょにおよばず》、支配人別家老分より可致教諭《きょうゆいたすべき》事、但教諭いたし其上不当之儀申募《もうしつのり》候はゞ、親戚並に別家共相談之上、為隠居申《いんきょもうさせ》候事

（日野　中井源左衛門京店「永綏吉郃掟」19C中）

家法相背候者有之候はゞ、不拘上下《じょうげにかかわらず》急度《きっと》異見可致候、尤仕入物之外諸色相庭に拘候品、聊《いささか》たりとも売買仕候儀堅法度、若《もし》相背者候はゞ、主人分は糺明之上、嫡子は名跡相除、押込に可致、別家は……右掟之儀は譬《たとえ》聊之儀たり共用捨相成不申《ようしゃあいなりともうさず》候条、

銘々急度《きっと》相守可申事

（日野　中井源左衛門四代「光基掟目」19Ｃ中）

御先祖よりの御掟を破り不埒不法之沙汰有之者《これあらば》、主人たり共其所持品並手廻りに至る迄取上げ之上諸親類後見之者立会之上隠居可申付《もうしつけるべき》事

（湖東　小林吟右衛門「示合之條目」19Ｃ中）

主人たりとも不都合な人物なら主人の座を追放する。嗣子の場合は相続権を奪って店へは入れないということである。主人のときは下克上のきらいがあるがはっきり守れと書いてある。実際にはケースは多くないが、中井家にも例はないわけでなく、八幡の西川甚五郎家でも八代目は内政に心を用いて功績があったけれども、質素で堅実な近江商人らしくなく、家業にもあまり

身を入れなかったので、親類・別家は強い責任感をもって八代目に意見し、彼もついに引退ということで十年間で家督と離れて隠居するにいたっている。

十九世紀中期ともなると近江商人全般に店の企業体の認識が強くなり、本家・親戚・別家などによる共同責任体制が軌道に乗っていた時勢であった。

長男があればこれが家督を継ぐというのが常識であるときに、その者が心得違いなら、経営の上層部の役員連が説諭したし、それでも態度を改めないなら協議の上、押込隠居させると明記していて、記録こそされていないがその例も少なくない。肉親の情にかかわらず、不肖の子には企業体を継承させないという制度は注目すべきである。

これに関連して養子を入れることについて一言加える。娘だけしかいないときの婿養子については常識的であるが、息子があり押込隠居させたのでもないのに、他の娘を分家させて婿を迎える。その養子が有能で、家業を繁栄させる結果となった例はすこぶる多い。縁談をめぐっては、親戚うちと限った定めのある例もあるが、実例はそうとは限らない。そして、分家させた娘の養子が有能で、中興の主となることは多い。親木から取木して、それを台木に優秀な穂を接木をするようなものである。

近江商人郷土館（小林吟右衛門家）の隠居蔵

御先祖様の手代

一、貧も富も我一心にあり、悪心起らば家を保つこと能はず、家を我子に譲るまでは、僅に三十年なり、其間は謹んで奉公の身と思ふべし

（五個荘　中村治兵衛「家訓」18Ｃ中）

家は先祖の身心を苦しめ労し給ひし功によって、今家徳も相応にあり、妻子をやすく養い衣食に不自由なく、召使う人もあまたあることなり……先祖の御位牌は則ちおはしますと心得て、其御心にかなうやうに身を慎み、家を大切に守るべし……吾は則ち先祖の手代なりとおもふべし

（八幡　伴蒿蹊「主従心得草」18Ｃ末）

近江商人は従来手形に添えて、身許証明書の意味で宗門改証を壇那寺に発行してもらい、毎年改訂したという具体的な必要性もあったが、それ以上に祖先を崇う習慣が強く、その度合が出身地での信用の尺度でもあった。神儒仏と三者の区別をあまり考えず、宗教心というよりは祖先崇拝が基本であったと思う。そのことから店の維持を祖先崇拝の継続と並行させたので、「暖簾」という表現はきわめて少なく、「御先祖様を守る」と表現した。御先祖様が企業体と同義語であったわけで、主人が家業にはげむことは御先祖様の手代というに等しいと表現し、主人たる地位にいるのは三十年ほどである。その間を御先祖様に奉公しているのであると思えというのである。

店を継続して、これを守り、次の代に無事譲り渡すということは、主人として財産の所有者として相続するのではなく、家長たることとは別に、企業体の運営を司る経営者が、奉公するのであると考えよ、店は公であるという思想である。

伴蒿蹊（一七三三〜一八〇六）

伴庄右衛門家は安土城下で商売をはじめ、その後八幡に移住して扇子や地場の産物を商う。豊臣秀次亡き後、八幡城下が衰退すると、西川甚五郎家と並ぶ大店を江戸日本橋に構え、屋号を「扇屋」といった。井原西鶴の『織留本朝町人鑑』には扇屋繁盛の様子が記されている。

蒿蹊は享保一八年（一七三三）京都の伴弥兵衛家の次男に生まれ、八歳で庄右衛門家の養子となる。弥兵衛家は八幡の豪商、伴伝兵衛の分家筋にあたり、伝兵衛家の本家が庄右衛門家である。蒿蹊は寛延三年（一七五〇）、十八歳で庄右衛門家五代目を継ぐ。庄右衛門家は代々、文化活動に熱心な家系で、文人・歌人との交流範囲が広く、三十六歳で家督を譲ると京都を中心に活躍し、京都における和歌の四天王とされる。

国学者として寛政二年（一七九〇）に著した『近世畸人伝』はベストセラーとなり、幕末まで版を重ねている。家業においても大いに活躍し、厳格な家憲を設け、奢侈に傾き遊惰に流れようとする店風を正し、寛政五年（一七九三）には『主従心得書』を著わし、実家の主人や別家のための家法書、処世訓として与えた。本書は近江商人の典型的な家法書のひとつとされる。

六、従業員教育

丁稚奉公の内容

子供等無油断《ゆだんなく》算筆精出し稽古可致《いたすべく》候、猶《なお》又、毎朝人より先に起、屋敷勝手廻りとも隅々迄念を入、ふきはき掃除いたし、神仏様御燈明献上可申《もうすべく》候…夜分は店勘定済次第《たなかんじょうすみしだい》、又は日中たり共、子供は算筆精出し、四ツ時限相臥可申《かぎりあいふしもうすべく》候、深更迄無益之雑談又は碁将等仕間敷《まじく》候事

（日野　中井源左衛門四代「光碁掟目」19C中）

店の者はすべて幼は長に従い、手代は番頭に下知を請《う》け、番頭は商売向一切、支配人の下知に従うべき事

若手の者は支配人及び番頭たるを許さず。奉公人

は中途より来る者にても、商売向に相当の伎倆ある者は引き上げて重役を申し付くべき事

奉公人中、縦令《たとへ》相当の伎倆ある者にても、支配人、番頭の下知に従はずして、気随我侭の者は速に暇を遣《つかわ》し、替《かわ》りの奉公人差入申すべき事

（八幡　市田清兵衛「家訓」18C初）

我より年長の人の言ふことは、一度は能く聴き、後その善悪を考へ善の方に従うべし…家族は一同和合を旨とし、上下共に過眠すべからず、不和合は身代を破るの本にして、過眠は身体を傷う始なり

（五個荘　中村治兵衛「家訓」18C中）

十歳前後で奉公に上がり、「○吉どん」と店での呼名をつけられ、十数歳で半元服、二十歳で元服、頭髪も前髪を落として成人っぽくなるし、呼名も兵衛名にかえられるが、その間に「初登り」といって生まれ故郷へは一度だけ、一月にも満たない期間帰らせてもらう。この頃までは十分な給金はなく、毎日の食事と、衣類一揃いずつを年二回「お仕着施《しきせ》」と呼んで支給される。他に必要なものは通帳をもって買ってくると店が立替払いし、それが本人への前貸として記載されるので、幼少の頃は店から相当の借分が嵩む、現金は奉公中は原則として支給されないから、初登りに旅費と土産金がもらえる以外は現金と縁がない。

やがて僅かずつ給金がもらえるようになり、年々昇給するが、これも現金支給でなく、昔からの前借金と相殺されるにすぎない。

二十歳を過ぎて給金も上がるが、現金支給はなく、その後は店に預けるということになる。

この借りも預けも無利子であることは入店の際に契約書を入れてあるし、途中で現金支給ができないとも規定されている。

三十歳ぐらいまでが年季で、年季が明けるまでは、二度登り、毎年登りと

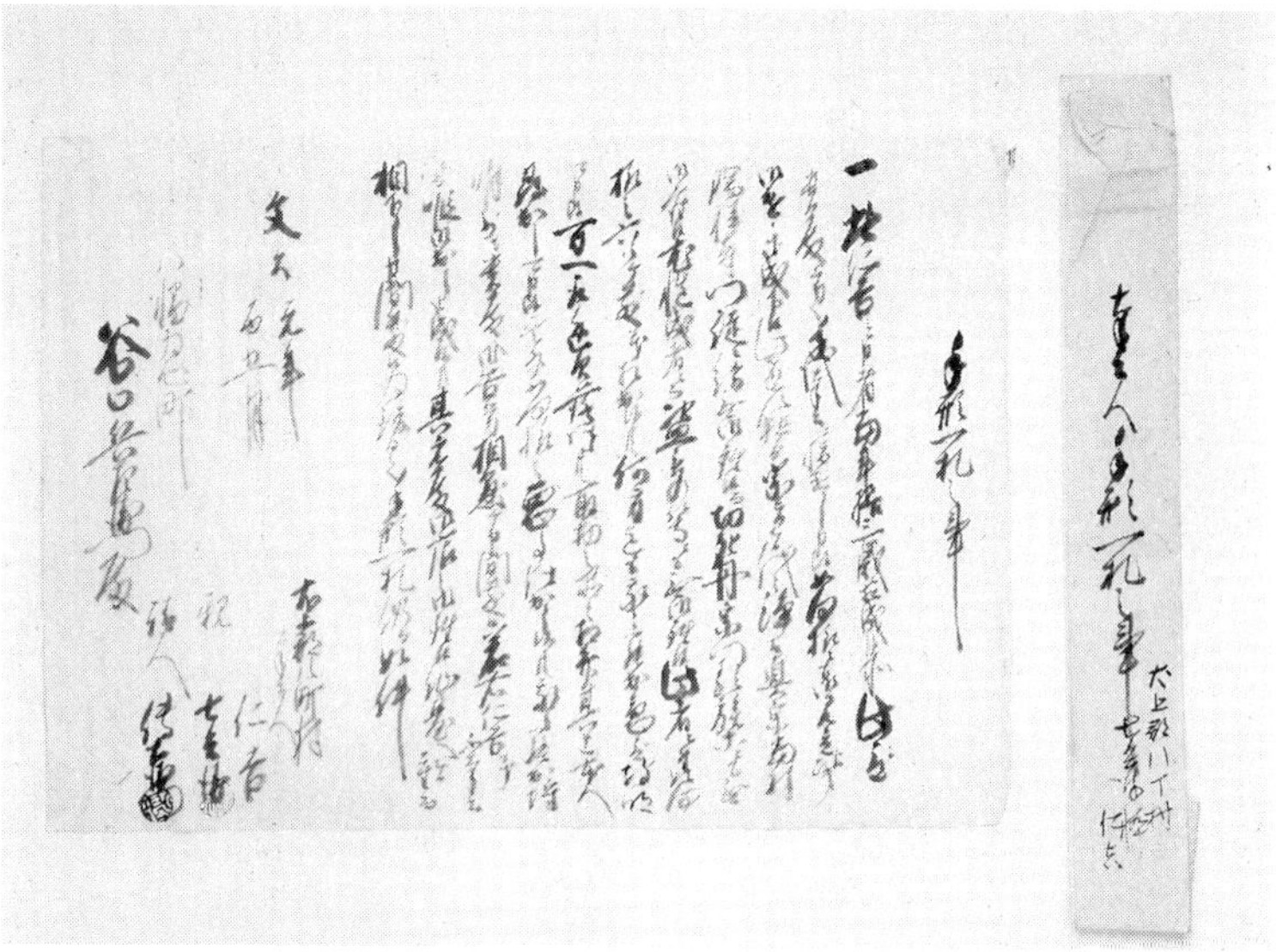

入店契約と身元引受を兼ねた奉公人請状

帰郷回数も増えるが、往復に一ヶ月もかかるので、それほど長い滞在はできない。

店への預け金は年季が明けるときに現金で支払われる。相当の金額になる。その間に結婚するが、店へは妻を伴わず、御里に留守させるので「関東後家」になる。

これらの詳細は各店それぞれに規定しているが、内容はほぼ似ているので省略する。

その上に毎日の日課が朝早く起こされて夜は十時限りに就寝であるが、店務以外に雑用が多く、またその方が目立つ。そして暇さえあれば読み書き算盤、そればかりでない。まだ小学校を卒業できるかできないかという年齢であるのに、金銀銅貨の計算、その相互の換算、取引活動にわたる一通りの知識を身につけて、半元服となるのである。その鍛え方は大変なものである。

店内での階級はできている。支配人、番頭、手代の順位はきびしいが、有能者の抜擢は下位者では相当におこなわれる。

日本の風習として年長順が尊重され、命令下達は規律であるが、日本の軍隊のような不合理なものでなく、善悪の分別は尊重されている。

中村治兵衛家の場合、この家訓は実子が夭逝し、養子を迎えるに当たって制定したもので、身代を損なう、身体を損なうと対句にしているのは面白いが、「家族」という文字を、妻子、親子の関係でなく、店内従業員一同の意味で使ってあることに注意されたい。近江商人の場合、店で生活するが、女気はなく、親子関係もなく、他人ばかりであるが、気持は家族なのである。

後継者教育

假令親類兄弟たりとも奉公に二つは無之《これなく》候間心得違無之様可被相心得《あいこころえらるべき》事
幼年に下り十三歳より十五歳迄は丁稚同様に取扱十六歳に元服いたし見習ひ五ケ年相立候主人之職分に相直り親同様萬端差図をも可被致《いたさるべき》事
幼年の節より召仕同様に致来り候に付自心に軽率に取扱族《やから》も出来可申右等の者は後見支配人より差図を以て可被附登事

（湖東　小林吟右衛門「示合之條目」19C中）

有能な後継者を育成しておくことは現在の経営首脳の最大の関心事であるが、初代なら自分の目の黒い間は子息達をきびしく教育するという方法を選ぶ人も少なくなかったが、それ以後では、親の手許では甘くなる。その上、主人は店に常駐しなくなるので、自分の目が届かない。そこで有力な他店へ丁稚奉公に出すのである。明治に入ってからの事であるが、東京の中平商店の主人の妻が有能で、よく奉公人の面倒を見たし、教化をあたえたので、これが評判になって、他家の嗣子達がこの店へ望んで奉公し、その経験を誇った。そのような場合、取引先の某店の嗣子と分っていることであるから、周囲の目も違ってくるし、店の側も甘くする。また本人も甘えが出てくるというもので、その点を厳しく戒めた一項である。

他家の飯を喰わぬ者は一人前でないということが広くいわれたものである。主人たるべき奉公人や自店で幹部にと目をつけた者に「本家勤め」の機会をつくることが多かった。その間店を離れ江州の本家へ上るのである。明治以後は江州の本家は留守宅にして、主人も家族も出先地へ本籍を移したので、店が大阪にあって本家が住吉とか、店が室町で本家が東山といった形になると、この教育法は一層現実的となった。

店が近代的に改装されて、洋服を着るようになってからも、学卒者が採用されるようになってからも、この教育法の片鱗は残っていて、その経験者の中から重役が任命された例を知っている。

本家勤めでは主人の母親や妻から身のたしなみをつけられ、戦略的な用向きで本家を訪れる客筋との附合いにも馴らされ、要するに「帝王の学」が授けられたのである。

江戸時代も終末に近くなると、嗣子を自店で訓練することもある。幼少の頃から半元服ぐらいまでを丁稚同様に扱い、元服後は主人候補として五年ほど修業して、その上で主人の座に就くのであるが、この場合に、丁稚同様にしてきたので軽視されるおそれもある。後見人はよくその面倒を見てやってほしいと書いてあるが、それ以上心配なことは丁稚同様にいるときに本性を見抜かれてしまって、権威を失うことである。番頭を養子にすると家がつぶれるともいわれている。

塚本喜左衛門家の「長者三代鑑」

神崎郡金堂村（東近江市五個荘金堂町）の塚本喜左衛門家に残る「長者三代鑑」はわかりやすく承継問題を考える資料として脚光を浴びている。

長者三代鑑の下段には、夫婦は真っ黒になって一生懸命に働いている姿があり、中段には。そのおかげで豊かな暮らしになった次代が茶など作法を身に着けている。作法の習得は悪くはないが、度がすぎると上段のように、犬にまで吠えられるように落ちぶれる。このようにならないことを小さな子供にもわかるようにしつけていた。創業一五〇年余、京都に本社を置く塚喜グループを統率する六代目塚本喜左衛門氏は、子供の頃、学校から帰宅するとこの軸の前で祖母から画の内容を滾々と聞かせれていたという。

長者三代鑑（塚本喜左衛門蔵）

丁稚奉公は教育制度

一、子供抱えたれば慈愛我が子の如く思い、成長ののち其の者の為になるよう教諭して、一人の男にすることと主人たる者の役と知るべし

一、商家の主人たる者、他人の子を多く抱え使うこと、全く商売の道の指南をいたし、銘々を男一人に仕上げわたす師匠と心得べき事

一、商人の主人たる者、他人の子供を抱え給金、賄い等出すといえども是れ我が渡世の上なれば、尤もいたわりあるべき筈のことなり。我が愛子も他の愛子も親として子の愛かわることなし。無理非道のことは申すに及ばず、時において辛抱易からずといえどもなお行末の一大事につ

き思い遣《や》り、偏《ひとえ》に人の人たる処へ至らしめること主人たる人の第一の心得事也。従者は我れ東西も分たぬ者を教育にあずかり、一人前の男に仕上げられ、この恩実親より深し、仇に思うときは天罰恐れありと常に思うべし

(日野　矢尾喜兵衛四代「道中独問答草紙」19C中)

丁稚奉公のすさまじさは前項のとおりである。店での従業員の全員が店主の出身地から入ったというわけではない。特に幕末になると、文化年間ごろから、彦根藩領の愛知、犬上郡からの奉公人が急増しており、秩父の矢尾家でもその目立った増加が記録されている。また他家でもその記録はある。その上に、江州からでない奉公人も増加したし、営業部門に従事したものは丁稚奉公が大部分であったが、酒蔵の杜氏や蔵人、船方や馬方、男衆、日傭などは江州人でないことが多かったから、近江商人は江州人ばかりで運営されたという「純血主義」は事実ではない。他国出身の丁稚には江州出身者と同

じほどの休暇を与えて、目的を定めて上方へ旅行に出している。

そこで丁稚というのは従業員の一般のあり方ではなく、店の中でも特別の仕組みであったと考える方が妥当なようである。営業部門を次々担当業務を替わりながら、手代、番頭に昇格してゆくコースである。

これを裏書きするような記事がいくらも残っている。右はその代表的なものの一部である。

女子には「汐踏《しおふ》み」という仕来りがあったことを書いたところ、男子にはなかったのかという問合わせがあったが、女子の汐踏みは結婚前二・三年の上女奉公、男子には年季奉公である。そして、どちらも労働力をえるための雇用制度であるよりは、従業員養成の主旨がより重大で、これを考えなくては丁稚奉公は理解できない。

学校がなかった江戸時代には店へ年季奉公に出すというのが最高の教育方法で、村の子供の多くが出された。十歳から、尋常小学校就学年ぐらいの間の半元服前というのは、読書き算盤どころか、日常必要な補助労働についての実地教育を受け、さらにむつかしい商合についての仕込がおこなわれ、一人前に間に合うように育てられたのであるから、その教育効果は小学校の義務教育の及ばぬところであったかと思う。

この頃に不適格と認定されたり、生家の事情が変わって、断念して帰ってゆく者も少なくなかったが、店の方では、「三十歳までは人の成長は分からぬもの」だから恣意的に追い出すことはしないようにという記事もある。

明治になって義務教育が実施され、尋常小学校卒業までは強制的に学校で教育されたので、江戸時代のような幼い丁稚奉公はなくなるが、小学校出の丁稚奉公でたたき上げた重役というのはやはり大切であった。むしろ、六年間の遅滞をとり戻す丁稚奉公が徴兵検査の年まで強行され、高等小学校は影が薄かった時代が長い。

中等学校以上の「学校出身者」が学校教育でどれほどの実力をつけたかは疑問で、今日のような学歴社会がなぜやってきたのか考えられないことである。

丸紅が「出世店員」という名称で重役、別家に昇進する者を部類分けしたのが明治十八年、商業学校以上の学卒者を採用しはじめたのが明治三十一年で、その頃からは丁稚奉公の性格は一変し、丁稚からの昇格はむずかしくなった。

学校教育と現場教育が拮抗し合う中で、丁稚奉公がまったく廃れ、学校出身者を現場で教育し直すという今日の仕組みになった。

丁稚を一度抱入れたからには、一人前の商人に鍛え上げるのが店主の責任と覚悟し、他人の子弟を実子のように愛情を注いだという話はいくらも耳にする。そして目だるいこともあろうが、一人前になるまでは将来を楽しみに我慢して見守る。その慈愛の中でこそ前項のような激しい日常生活にも耐えられるし、その後、別家してからも主家を中心に系列を形成することになるのである。

右（一五〇頁）は矢尾喜兵衛家四代忍之（天秤坊世渡と号す）の書遺したものである。この人はきわめて筆達者な人で種々の有益な文書を遺している。矢尾家初代富啓は二十年余も前に亡くなっているが、初代は日野商人矢野新右衛門の秩父の出店で三十九歳まで勤め、奉公中の預け金六十両と矢野家からの借入金六十両で酒造株と蔵を借り受けて自立した人物で、成功してからも矢野家に対して報恩の行為は世の知るところである。四代目は業績大いに上がり、武州に十指に余る出店をなし、石門心学に傾倒した。安政三年六月中旬たまたま旧主家矢野新右衛門家を訪れたが、この日炎暑焼くが如く、帰宅して脱水症状となり、六月二十三日四十八歳で歿した。幼時大病にかかり病弱が続き、三十歳の頃はじめて人並みの生活に入った。謙虚な人柄で、この頃小さな店の主人までが旦那と呼ばせており、自店でもそうなったのを困ったことだと書遺している。

矢尾喜兵衛（一七一一〜一七八四）

初代矢尾喜兵衛は、幼くして日野の、矢野新右衛門家に奉公し、十四歳で出店先の秩父で厳しい商いの修行ののち、寛延二年（一七四九）八月、三十九歳で創業。主家から借りた六十両と辛苦して貯めた六十両を創業資金として、屋号を升屋利兵衛と改め酒造業をはじめた。実直さと薄利多売の商いが信用を増し、次第商売は隆盛を極めていった。主家の恩義に対しての報恩の意を込めて、安永三年（一七七四）以来およそ百年間にわたって毎年金百両を主家に納めていたといわれている。

明治十七年（一八八四）生糸の価格が暴落し、埼玉県秩父郡の農民が政府に対して負債の延納などを求めて起こした「秩父事件」の際、多くの有力商家が襲撃された中、矢尾家は金融業をしていたにも関わらず秩父困民党は、焼き討ちをするどころか炊き出しを要請した。その理由が天保の飢饉の際に矢尾が藩からの要請ではなく率先して布施米などを拠出していること、さらに常日頃より、お客様第一主義であったからだという。矢尾家に残る「秩父暴動事件概略」には、事件のいきさつが詳述されている。

西川利右衛門家の家訓

「先義後利者栄　好富而施其徳」

八幡商人の西川利右衛門家の祖先は朝倉氏に仕えたが、主家の没落で八幡に居を構えた勘右エ門の子が一念発起し、名を利右衛門と改め、馬を使っての持ち下り商いをはじめた。

屋号を大文字屋といい、蚊帳や畳表を商い、大阪瓦町に出店をすると続いて江戸日本橋にも大文字屋を出店し次第繁栄する。現存する近江八幡市の家屋は宝永三年（一七〇六）三代目の時に建てられたもので、昭和五十八年に国の重要文化財に指定された。家業の隆盛に反して後継ぎには恵まれず昭和五年（一九三〇）一一代で利右衛門家は途絶え、分家の西川庄六家が管理していた。昭和五十七年（一九八二）に近江八幡市に寄贈され、昭和六十年から約三年の工期で改修され公開されている。

西川利右衛門家を本家とする大文字屋一統では、奉公人が別家するとき、当主より「お墨付き」といわれる支度金と家訓が描かれた掛軸が与えられ利右衛門家の理念が継承されていった。別家先に宛てた家訓が

「先義後利者栄　好富而施其徳（義を先にし、利を後にする者は栄え　よく富みて、其の徳を施せ）」

で、その意味は、「人として、まずは利益を求めるのではなく、道義をわきまえた行いをすれば利益は後からついてくる。そして（商売に励み）よく富んで、その富に見合った徳、すなわち善行を（社会）に施せ」という事である。

これは、荀子が説いた「先義而後利者栄」の影響を受けたものと思われるが、後半については大文字屋のオリジナルではないかとされ、近江商人の常とする陰徳善事を踏まえていると考えられる。商いは目先の利益よりも遠きを見てすることが大切であると教えた。

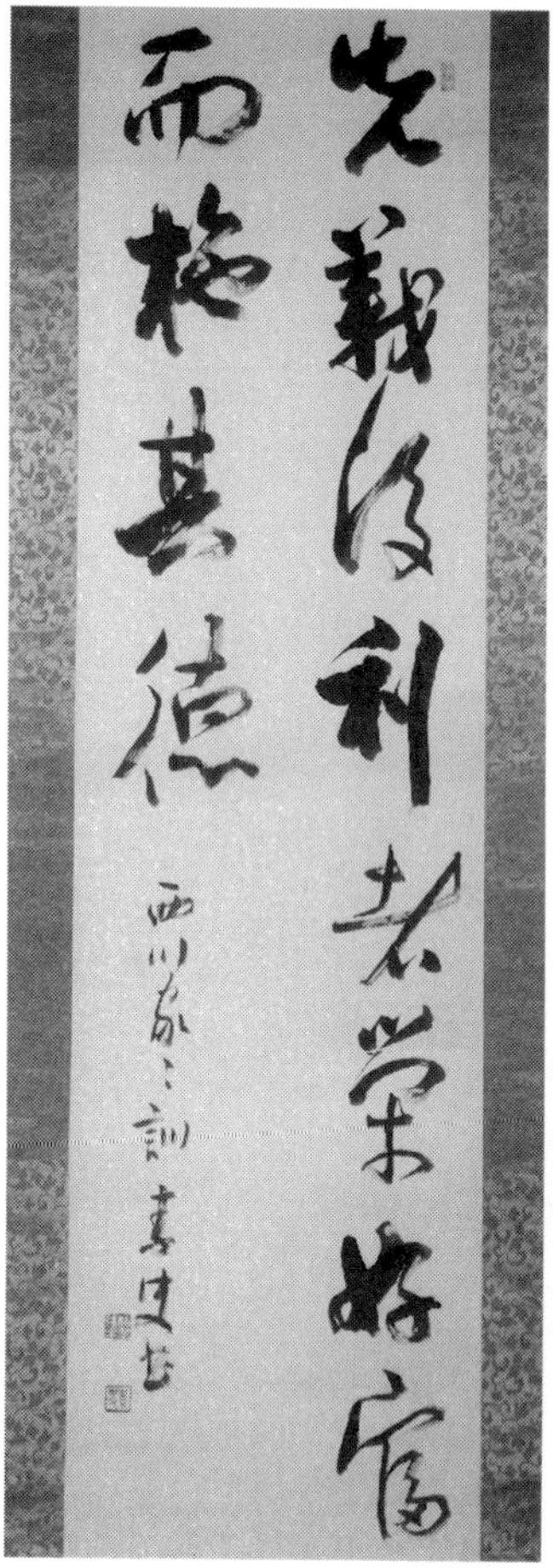
大文字屋西川家の家訓（近江八幡市蔵）

塚本喜左衛門家とその家訓

塚本喜左衛門家の家訓「積善之家必有餘慶」

神崎郡金堂村（東近江市五個荘金堂町）三代目塚本喜左衛門（一八四九～一九二二）は、塚本喜左衛門家の分家、塚本惣助の次男として生まれ、のちに先代喜左衛門の養子となる。

十二歳で神崎郡北町屋村（東近江市五個荘北町屋町）の加治源一郎店の丁稚となり、京都店で商いの見習いから始まり、天秤棒を担って北陸・関東方面に呉服の持ち下り商いを始める。この間、誠実に懸命に働いたので、主家からその功績を認められ別家を許され独立を果たす。

独立後も持ち下り商いを専業としていたが、当時、すでに汽車が走る時代となり、持ち下りの旅商いでは前途はないと、明治二十年（一八八七）、京都烏丸に「染呉服卸商」の店舗を開設し、次第に業容を拡大する。創業以来、注力していた「鷹の羽印」の黒紋付が宮内庁のご用達となり、やがて老舗商店と伍する商家となった。

隠居後は、郷里に戻り、明治四十年（一九〇七）から二年間、郷里の村人の推挙で南五個荘村の村長を勤める。常に「陰徳を積む」ことに心がけ、居宅を金堂の集会所に寄付している。また、正月前には、村の困窮した人

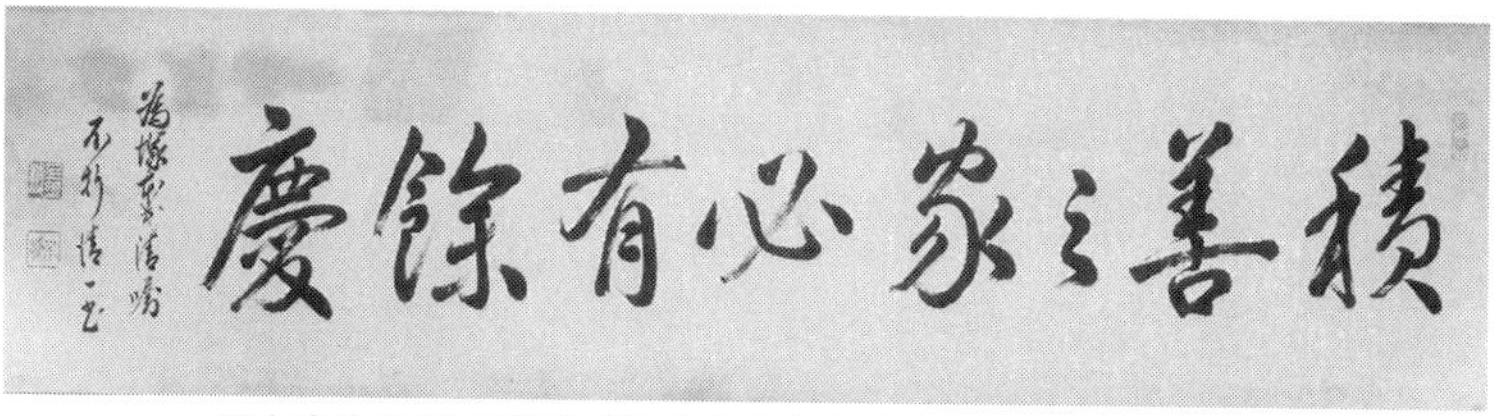

塚本喜左衛門家扁額「積善之家必有餘慶」（塚本喜左衛門蔵）

の門口に気づかれないように米や金を置くのが丁稚の仕事であった。

四代目喜左衛門は南五個荘村塚本清七の次男として生まれ、その商才を見込まれて養子となり商売は順調に発展し安定期に入る。三代喜左衛門が懇願して養子に迎えた五代目喜左衛門は、昭和十四年召集令状を受け、戦時中は店員不足と経済統制の中、余儀なく店舗を閉めたものの、取り壊し対象となっていた京都店が運よく取り壊しを免れると、いち早く復員した従業員とともに営業を再開する。昭和二十四年には株式会社に改め、高度成長期に、合理的思考と効率第一主義で事業経営を行ってきた。六代喜左衛門に社長を渡したのちは、信仰一途の生活を送った。

塚本喜左衛門家に残る「積善之家必有餘慶（積善の家には必ず余慶あり）」の家訓は、善行を積み重ねた家は、必ず子々孫々まで喜びごとが訪れる。という意味で、五経のひとつ易経に出ている。

内池家訓

東北福島の豪商内池家は本家宗十郎家とその分家「瀬上店」与十郎家、「福島店」三十郎家の三家があり、45頁で紹介したように東北の八幡商人は「恵比寿講」を結成し、お互いの情報交換などを行っていた。天保九年（一八三八）に与十郎家の八代目内池永年《ながとし》が七十六歳の時につくった内池家訓は、五十ヵ条からなり、三家の間で重宝されている。永年は本居宣長の養子の大平の門人として、国学と歌道の結社を組織するとともに多くの書籍を収集していたので、家訓の末尾には、蔵書を持ち出すことを禁じている。

家訓では、永年の国学研究から導かれた人生観が反映されており、一族の資産確保としての「田畠大切に所持し、米麦二年の食糧を貯えおくべし」「本家田畠も智尾高は百石以上たるべきこと」などとあり、五十条には「年に一度正月に本家別家とも収支決算を明らかにし互いに公表をおこなう」など競争関係の維持も心がけている。永年は八十歳になると、先々代より経営状況が振るわなかった与十郎家の再興を成し遂げた力量を示すように、「近江屋もとは一軒なるを今は五軒になせり（中略）家業　農桑、表店　呉服太物紙小間物、勝手方　酒造醤油味噌水油材木質貸」等と家業の隆盛を自賛している。

天保九年内池永年が記した内池家訓（内池俊夫氏蔵 福島県立歴史資料館寄託）

永年は近江国岩倉村（近江八幡市馬渕町）に生まれ、幼くして七代目与十郎の養子となったが十四歳の時、破産した。その後苦労して再建し、与十郎家中興の祖といわれている。

永年が再興した時「家業を農桑に置き、表店を呉服などのあきない、勝手方を贈行、質貸、書上げにする」という均衡がビジネスモデルだった。

後年、与十郎家から婿を迎えたいわき市シオヤ産業では、永年が定めた家訓をベースに新しい時代の経営理念に反映させている。

参考文献（小倉鋭榮一郎著作部分を含まず）

「いわき明星大学研究紀要人文学・社会科学・情報学篇　第3号」２０１８
『近江商人学入門　改訂版』　２０１７　末永國紀　サンライズ出版
『近江商人の金言名句』１９９０　小倉榮一郎著　中央経済社
『近江商人の生活態度―家訓・倫理・信仰』　２０２０　窪田和美　法蔵館
『近江日野の歴史第七巻　日野商人編』　２０１２　日野町史編纂委員会
『近江八幡市の歴史第五巻　商人と商い』　２０１２　近江八幡市史編纂委員会
「語り継がれる近江商人エピソード」　２０１０　近江商人博物館
「シリーズ近江商人群像　外村与左衛門展」２０００　近江商人博物館
「情報誌三方よし第9号」１９９８　ＡＫＩＮＤＯ委員会
「東近江の商人群像」　２００７　近江商人博物館

著者略歴

小　倉　榮一郎（おぐら　えいいちろう）

1924年　彦根に生まれる
1943年　彦根高商卒業
1946年　神戸経済大学（現神戸大学）卒業
　　　　滋賀大学名誉教授、経済学博士
1992年　死去

著書「簿記組織論」「複式簿記原理」関書院（1952）
「江州中井家帳合之法」ミネルヴァ書房（1962）
「C.ホングレン著"管理会計"」日本生産性本部（1974）
「近江商人の系譜」日本経済新聞社（1980）
「近江商人の開発力」中央経済社（1989）
「近江商人の金言名句」中央経済社（1990）
「近江商人の経営管理」中央経済社（1991）

編集協力・画像提供：特定非営利活動法人三方よし研究所

近江商人の理念 増補版
— 近江商人家訓撰集 —

2020年9月20日　初版1刷発行

著　者　小　倉　榮一郎
発行者　岩　根　順　子
発行所　サンライズ出版株式会社
〒522−0004 滋賀県彦根市鳥居本町655−1
☎(0749) 22−0627
印刷所　サンライズ出版

ISBN978-4-88325-687-7 Printed in Japan
定価はカバーに表示しています。乱丁・落丁本はお取り替えいたします。

近江商人ものしり帖［改訂版］　渕上清二 著

経営モデルとして、くり返し注目を集める近江商人の心「始末してきばる」「もったいない」「世間さま」を、豊富な事例で紹介したコンパクトな入門書。　八〇〇円＋税

Q&Aでわかる近江商人　NPO法人三方よし研究所 編

近江商人の理念や商法が今、見直されているのはなぜか。素朴な39の疑問にわかりやすく答える。楽しみながら理念や経営方法を学ぼう。　一、六〇〇円＋税

淡海文庫㉛
近江商人学入門　CSRの源流「三方よし」改訂版　末永國紀 著

「CSRの源流は近江商人の三方よしにあり」をはじめ、近江商人の経営哲学を現代ビジネスと照合し、わかりやすく紹介する近江商人学の入門書。　一、二〇〇円＋税

近江商人に学ぶ　サンライズ出版 編

現代に通じる多くのヒントが潜む近江商人の商法が、改めて見直されている。その商法の神髄をわかりやすく実践的な手法を紹介する。　一、五〇〇円＋税

近江商人ってな～に　近江商人博物館 編

近江商人博物館学芸員が小学生のために書き下ろした近江商人のすべて。近江商人の発祥ついて、特色、代表的な商人、扱った商品、当時の時代背景など、郷土学習に役立つ参考書。　八〇〇円＋税

近江商人のビジネス哲学　童門冬二 著

いまこそ学びたい近江商人のビジネス哲学。世間よしに結びつく「自利利他公私一如」の精神こそが近江商人共通の精神である。　一、六〇〇円＋税

江戸時代 近江の商いと暮らし
湖国の歴史資料を読む
青柳周一、東 幸代
岩崎奈緒子、母利美和 編著

2015年12月、滋賀大学と滋賀県立大学により設立された「おうみ学術出版会」の刊行書籍第1弾。第一章「近江の商人」と第二章「地域の暮らし」の二部構成で、全12編の論考を集録。　三、〇〇〇円＋税